Manual do
Trabalho Doméstico

Sergio Pinto Martins

Manual do Trabalho Doméstico

11ª Edição

SÃO PAULO
EDITORA ATLAS S.A. – 2012

© 1998 by Editora Atlas S.A.

1. ed. 1996 (Malheiros); 2. ed. 1998; 3. ed. 1998; 4. ed. 1999;
5. ed. 2000; 6. ed. 2002; 7. ed. 2004; 8. ed. 2006; 9. ed. 2007;
10. ed. 2009; 11. ed. 2012

Capa: Zenário A. de Oliveira
Composição: Lino-Jato Editoração Gráfica

Dados Internacionais de Catalogação na Publicação (CIP)
(Câmara Brasileira do Livro, SP, Brasil)

Martins, Sergio Pinto
  Manual do trabalho doméstico / Sergio Pinto Martins. – 11. ed. – São Paulo : Atlas, 2012.

  Bibliografia.
  ISBN 978-85-224-6952-9

  1. Direito do trabalho – Legislação – Brasil 2. Empregados domésticos – Leis e legislação. I. Título.

05-7398   CDU-34:331.116.6472

Índices para catálogo sistemático:

1. Direito do trabalho doméstico : Direito do trabalho 34:331.116.6472.
2. Empregados domésticos : Direito do trabalho 34:331.116.6472

TODOS OS DIREITOS RESERVADOS – É proibida a reprodução total ou parcial, de qualquer forma ou por qualquer meio. A violação dos direitos de autor (Lei nº 9.610/98) é crime estabelecido pelo artigo 184 do Código Penal.

Depósito legal na Biblioteca Nacional conforme Decreto nº 1.825, de 20 de dezembro de 1907.

Impresso no Brasil/*Printed in Brazil*

Editora Atlas S.A.
Rua Conselheiro Nébias, 1384 (Campos Elísios)
01203-904 São Paulo (SP)
Tel.: (011) 3357-9144
www.EditoraAtlas.com.br

TRABALHOS DO AUTOR

1. *Imposto sobre serviços – ISS*. São Paulo: Atlas, 1992.
2. *Direito da seguridade social*. 32. ed. São Paulo: Atlas, 2012.
3. *Direito do trabalho*. 28. ed. São Paulo: Atlas, 2012.
4. *A terceirização e o direito do trabalho*. 11. ed. São Paulo: Atlas, 2012.
5. *Manual do ISS*. 7. ed. São Paulo: Atlas, 2006.
6. *Participação dos empregados nos lucros das empresas*. 3. ed. São Paulo: Atlas, 2009.
7. *Práticas discriminatórias contra a mulher e outros estudos*. São Paulo: LTr, 1996.
8. *Contribuição confederativa*. São Paulo: LTr, 1996.
9. *Medidas cautelares*. São Paulo: Malheiros, 1996.
10. *Manual do trabalho doméstico*. 10. ed. São Paulo: Atlas, 2009.
11. *Tutela antecipada e tutela específica no processo do trabalho*. 3. ed. São Paulo: Atlas, 2002.
12. *Manual do FGTS*. 4. ed. São Paulo: Atlas, 2010.
13. *Comentários à CLT*. 16. ed. São Paulo: Atlas, 2012.
14. *Curso de direito do trabalho*. 3. ed. São Paulo: Dialética, 2001.
15. *Direito processual do trabalho*. 33. ed. São Paulo: Atlas, 2012.
16. *Contribuições sindicais*. 5. ed. São Paulo: Atlas, 2009.
17. *Contrato de trabalho de prazo determinado e banco de horas*. 4. ed. São Paulo: Atlas, 2001.
18. *Estudos de direito*. São Paulo: LTr, 1998.
19. *Legislação previdenciária*. 18. ed. São Paulo: Atlas, 2012.
20. *Legislação sindical*. São Paulo: Atlas, 2000.
21. *Flexibilização das condições do trabalho*. 4. ed. São Paulo: Atlas, 2009.
22. *A continuidade do contrato de trabalho*. São Paulo: Atlas, 2000.
23. *Síntese de direito do trabalho*. Curitiba: JM, 1999.
24. *Fundamentos de direito da seguridade social*. 13. ed. São Paulo: Atlas, 2012.
25. *Fundamentos de direito do trabalho*. 13. ed. São Paulo: Atlas, 2009.
26. *Fundamentos de direito processual do trabalho*. 12. ed. São Paulo: Atlas, 2012.
27. *O pluralismo do direito do trabalho*. São Paulo: Atlas, 2002.
28. *Execução da contribuição previdenciária na justiça do trabalho*. 3. ed. São Paulo: Atlas, 2008.
29. *Greve do servidor público*. São Paulo: Atlas, 2001.
30. *Comissões de conciliação*. 3. ed. São Paulo: Atlas, 2008.
31. *Instituições de direito público e privado*. 12. ed. São Paulo: Atlas, 2012.
32. *Manual de direito tributário*. 9. ed. São Paulo: Atlas, 2012.
33. *CLT universitária*. 11. ed. São Paulo: Atlas, 2012.
34. *Cooperativas de trabalho*. 3. ed. São Paulo: Atlas, 2008.
35. *Reforma previdenciária*. 2. ed. São Paulo: Atlas, 2006.
36. *Manual da justa causa*. 4. ed. São Paulo: Atlas, 2010.
37. *Comentários às Súmulas do TST*. 11. ed. São Paulo: Atlas, 2012.
38. *Dano moral decorrente do contrato de trabalho*. 3. ed. São Paulo: Atlas, 2012.
39. *Constituição. CLT. Legislação previdenciária e legislação complementar*. 3. ed. São Paulo: Atlas, 2012.
40. *Profissões regulamentadas*. São Paulo: Atlas, 2007.
41. *Direitos fundamentais trabalhistas*. São Paulo: Atlas, 2008.
42. *Convenções da OIT*. São Paulo: Atlas, 2010.
43. *Estágio e relação de emprego*. 2. ed. São Paulo: Atlas, 2010.
44. *Comentários às Orientações Jurisprudenciais da SBDI-1 e 2 do TST*. 3. ed. São Paulo: Atlas, 2012.
45. *Direitos trabalhistas do atleta profissional de futebol*. São Paulo: Atlas, 2011.

ARTIGOS

1. A dupla ilegalidade do IPVA. *Folha de São Paulo*, São Paulo, 12 mar. 1990. Caderno C, p. 3.
2. Descumprimento da convenção coletiva de trabalho. *LTr*, São Paulo, nº 54-7/854, jul. 1990.
3. Franchising ou contrato de trabalho? *Repertório IOB de Jurisprudência*, nº 9, texto 2/4990, p. 161, 1991.
4. A multa do FGTS e o levantamento dos depósitos para aquisição de moradia. *Orientador Trabalhista – Suplemento de Jurisprudência e Pareceres*, nº 7, p. 265, jul. 1991.
5. O precatório e o pagamento da dívida trabalhista da fazenda pública. *Jornal do II Congresso de Direito Processual do Trabalho*, jul. 1991, p. 42. (Promovido pela LTr Editora.)
6. As férias indenizadas e o terço constitucional. *Orientador Trabalhista Mapa Fiscal – Suplemento de Jurisprudência e Pareceres*, nº 8, p. 314, ago. 1991.
7. O guarda de rua contratado por moradores. Há relação de emprego? *Folha Metropolitana*, Guarulhos, 12 set. 1991, p. 3.
8. O trabalhador temporário e os direitos sociais. *Informativo Dinâmico IOB*, nº 76, p. 1.164, set. 1991.
9. O serviço prestado após as cinco horas em sequência ao horário noturno. *Orientador Trabalhista Mapa Fiscal – Suplemento de Jurisprudência e Pareceres*, nº 10, p. 414, out. 1991.
10. Incorporação das cláusulas normativas nos contratos individuais do trabalho. *Jornal do VI Congresso Brasileiro de Direito Coletivo do Trabalho e V Seminário sobre Direito Constitucional do Trabalho*, nov. 1991, p. 43. (Promovido pela LTr Editora.)
11. Adicional de periculosidade no setor de energia elétrica: algumas considerações. *Orientador Trabalhista Mapa Fiscal – Suplemento de Jurisprudência e Pareceres*, nº 12, p. 544, dez. 1991.
12. Salário maternidade da empregada doméstica. *Folha Metropolitana*, Guarulhos, 2-3 fev. 1992, p. 7.
13. Multa pelo atraso no pagamento de verbas rescisórias. *Repertório IOB de Jurisprudência*, nº 1, texto 2/5839, p. 19, 1992.
14. Base de cálculo dos adicionais. *Orientador Trabalhista Mapa Fiscal – Suplemento de Legislação, Jurisprudência e Doutrina*, nº 2, 130, fev. 1992.
15. Base de cálculo do adicional de insalubridade. *Orientador Trabalhista Mapa Fiscal – Suplemento de Legislação, Jurisprudência e Doutrina*, nº 4, p. 230, abr. 1992.
16. Limitação da multa prevista em norma coletiva. *Repertório IOB de Jurisprudência*, nº 10, texto 2/6320, p. 192, 1992.
17. Estabilidade provisória e aviso-prévio. *Orientador Trabalhista Mapa Fiscal – Suplemento de Legislação, Jurisprudência e Doutrina*, nº 5, p. 279, maio 1992.
18. Contribuição confederativa. *Orientador Trabalhista Mapa Fiscal – Suplemento de Legislação, Jurisprudência e Doutrina*, nº 6, p. 320, jun. 1992.
19. O problema da aplicação da norma coletiva de categoria diferenciada à empresa que dela não participou. *Orientador Trabalhista Mapa Fiscal – Suplemento de Legislação, Jurisprudência e Doutrina*, nº 7, p. 395, jul. 1992.
20. Intervenção de terceiros no processo de trabalho: cabimento. *Jornal do IV Congresso Brasileiro de Direito Processual do Trabalho*, jul. 1992, p. 4. (Promovido pela LTr Editora.)
21. Relação de emprego: dono de obra e prestador de serviços. *Folha Metropolitana*, Guarulhos, 21 jul. 1992, p. 5.
22. Estabilidade provisória do cipeiro. *Orientador Trabalhista Mapa Fiscal – Suplemento de Legislação, Jurisprudência e Doutrina*, nº 8, p. 438, ago. 1992.
23. O ISS e a autonomia municipal. *Suplemento Tributário LTr*, nº 54, p. 337, 1992.
24. Valor da causa no processo do trabalho. *Suplemento Trabalhista LTr*, nº 94, p. 601, 1992.
25. Estabilidade provisória do dirigente sindical. *Orientador Trabalhista Mapa Fiscal – Suplemento de Legislação, Jurisprudência e Doutrina*, nº 9, p. 479, set. 1992.
26. Estabilidade no emprego do aidético. *Folha Metropolitana*, Guarulhos, 20-21 set. 1992, p. 16.
27. Remuneração do engenheiro. *Orientador Trabalhista Mapa Fiscal – Suplemento de Legislação, Jurisprudência e Doutrina*, nº 10, p. 524, out. 1992.
28. Estabilidade do acidentado. *Repertório IOB de Jurisprudência*, nº 22, texto 2/6933, p. 416, 1992.
29. A terceirização e suas implicações no direito do trabalho. *Orientador Trabalhista Mapa Fiscal – Legislação, Jurisprudência e Doutrina*, nº 11, p. 583, nov. 1992.
30. Contribuição assistencial. *Jornal do VII Congresso Brasileiro de Direito Coletivo do Trabalho e VI Seminário sobre Direito Constitucional do Trabalho*, nov. 1992, p. 5.
31. Descontos do salário do empregado. *Orientador Trabalhista Mapa Fiscal – Suplemento de Legislação, Jurisprudência e Doutrina*, nº 12, p. 646, dez. 1992.
32. Transferência de empregados. *Orientador Trabalhista Mapa Fiscal – Suplemento de Legislação, Jurisprudência e Doutrina*, nº 1, p. 57, jan. 1993.
33. A greve e o pagamento dos dias parados. *Orientador Trabalhista Mapa Fiscal – Suplemento de Legislação, Jurisprudência e Doutrina*, nº 2, p. 138, fev. 1993.
34. Auxílio-doença. *Folha Metropolitana*, Guarulhos, 30 jan. 1993, p. 5.
35. Salário-família. *Folha Metropolitana*, Guarulhos, 16 fev. 1993, p. 5.
36. Depósito recursal. *Repertório IOB de Jurisprudência*, nº 4, texto 2/7239, p. 74, fev. 1993.

37. Terceirização. *Jornal Magistratura & Trabalho*, nº 5, p. 12, jan. e fev. 1993.
38. Auxílio-natalidade. *Folha Metropolitana*, Guarulhos, 9 mar. 1993, p. 4.
39. A diarista pode ser considerada empregada doméstica?, *Orientador Trabalhista Mapa Fiscal – Suplemento Trabalhista* Mapa Fiscal – Suplemento de Legislação, Jurisprudência e Doutrina, nº 3/93, p. 207.
40. Renda mensal vitalícia. *Folha Metropolitana, Guarulhos*, 17 mar. 1993, p. 6.
41. Aposentadoria espontânea com a continuidade do aposentado na empresa. *Jornal do Primeiro Congresso Brasileiro de Direito Individual do Trabalho*, 29 e 30 mar. 1993, p. 46-47. (Promovido pela LTr Editora.)
42. Relação de emprego e atividades ilícitas. *Orientador Trabalhista Mapa Fiscal – Suplemento de Legislação, Jurisprudência e Doutrina*, nº 5/93, p. 345.
43. Conflito entre norma coletiva do trabalho e legislação salarial superveniente. *Revista do Advogado*, nº 39, p. 69, maio 1993.
44. Condição jurídica do diretor de sociedade em face do direito do trabalho. *Orientador Trabalhista Mapa Fiscal – Suplemento de Legislação, Jurisprudência e Doutrina*, nº 6/93, p. 394.
45. Equiparação salarial. *Orientador Trabalhista Mapa Fiscal – Suplemento de Legislação, Jurisprudência e Doutrina*, nº 7/93, p. 467.
46. Dissídios coletivos de funcionários públicos. *Jornal do V Congresso Brasileiro de Direito Processual do Trabalho*, jul. 1993, p. 15. (Promovido pela LTr Editora.)
47. Contrato coletivo de trabalho. *Orientador Trabalhista Mapa Fiscal – Suplemento de Legislação, Jurisprudência e Doutrina*, nº 8/93, p. 536.
48. Reintegração no emprego do empregado aidético. *Suplemento Trabalhista LTr*, nº 102/93, p. 641.
49. Incidência da contribuição previdenciária nos pagamentos feitos na Justiça do Trabalho. *Orientador Trabalhista Mapa Fiscal – Suplemento de Legislação, Jurisprudência e Doutrina*, nº 9/93, p. 611.
50. Contrato de trabalho por obra certa. *Orientador Trabalhista Mapa Fiscal – Suplemento de Legislação, Jurisprudência e Doutrina*, nº 10/93, p. 674.
51. Autoaplicabilidade das novas prestações previdenciárias da Constituição. *Revista de Previdência Social*, nº 154, p. 697, set. 1993.
52. Substituição processual e o Enunciado 310 do TST. *Orientador Trabalhista Mapa Fiscal – Suplemento de Legislação, Jurisprudência e Doutrina*, nº 11/93, p. 719.
53. Litigância de má-fé no processo do trabalho. *Repertório IOB de Jurisprudência*, nº 22/93, texto 2/8207, p. 398.
54. Constituição e custeio do sistema confederativo. *Jornal do VIII Congresso Brasileiro de Direito Coletivo do Trabalho e VII Seminário sobre Direito Constitucional do Trabalho*, nov. 1993, p. 68. (Promovido pela LTr Editora.)
55. Participação nos lucros. *Orientador Trabalhista Mapa Fiscal – Suplemento de Legislação, Jurisprudência e Doutrina*, nº 12/93, p. 778.
56. Auxílio-funeral. *Folha Metropolitana*, Guarulhos, 22-12-1993, p. 5.
57. Regulamento de empresa. *Orientador Trabalhista Mapa Fiscal – Suplemento de Legislação, Jurisprudência e Doutrina*, nº 1/94, p. 93.
58. Aviso-prévio. *Orientador Trabalhista Mapa Fiscal – Suplemento de Legislação, Jurisprudência e Doutrina*, nº 2/94, p. 170.
59. Compensação de horários. *Orientador Trabalhista Mapa Fiscal – Suplemento de Legislação, Jurisprudência e Doutrina*, nº 3/94, p. 237.
60. Controle externo do Judiciário. *Folha Metropolitana*, Guarulhos, 10-3-1994, p. 2; *Folha da Tarde*, São Paulo, 26-3-1994, p. A2.
61. Aposentadoria dos juízes. *Folha Metropolitana*, Guarulhos, 11-3-1994, p. 2; *Folha da Tarde*, São Paulo, 23-3-1994, p. A2.
62. Base de cálculo da multa de 40% do FGTS. *Jornal do Segundo Congresso Brasileiro de Direito Individual do Trabalho*, promovido pela LTr, 21 a 23-3-1994, p. 52.
63. Denunciação da lide no processo do trabalho. *Repertório IOB de Jurisprudência*, nº 7/94, abril de 1994, p. 117, texto 2/8702.
64. A quitação trabalhista e o Enunciado nº 330 do TST. *Orientador Trabalhista Mapa Fiscal – Suplemento de Legislação, Jurisprudência e Doutrina*, nº 4/94, p. 294.
65. A indenização de despedida prevista na Medida Provisória nº 457/94. *Repertório IOB de Jurisprudência*, nº 9/94, p. 149, texto 2/8817.
66. A terceirização e o Enunciado nº 331 do TST. *Orientador Trabalhista Mapa Fiscal – Suplemento de Legislação, Jurisprudência e Doutrina*, nº 5/94, p. 353.
67. Superveniência de acordo ou convenção coletiva após sentença normativa – prevalência. *Orientador Trabalhista Mapa Fiscal – Suplemento de Legislação, Jurisprudência e Doutrina*, nº 6/94, p. 386.
68. Licença-maternidade da mãe adotiva. *Orientador Trabalhista Mapa Fiscal – Suplemento de Legislação, Jurisprudência e Doutrina*, nº 7/94, p. 419.
69. Medida cautelar satisfativa. *Jornal do 6º Congresso Brasileiro de Direito Processual do Trabalho*, promovido pela LTr nos dias 25 a 27-7-1994, p. 58.
70. Estabelecimento prestador do ISS. *Suplemento Tributário LTr*, nº 35/94, p. 221.
71. Turnos ininterruptos de revezamento. *Orientador Trabalhista Mapa Fiscal – Suplemento de Legislação, Jurisprudência e Doutrina*, nº 8/94, p. 468.
72. Considerações em torno do novo Estatuto da OAB. *Repertório IOB de Jurisprudência*, nº 17/94, set. 1994, p. 291, texto 2/9269.
73. Diárias e ajudas de custo. *Orientador Trabalhista Mapa Fiscal – Suplemento de Legislação, Jurisprudência e Doutrina*, nº 9/94, p. 519.
74. Reajustes salariais, direito adquirido e irredutibilidade salarial. *Orientador Trabalhista Mapa Fiscal – Suplemento de Legislação, Jurisprudência e Doutrina*, nº 10/94, p. 586.
75. Os serviços de processamento de dados e o Enunciado nº 239 do TST. *Orientador Trabalhista Mapa Fiscal – Suplemento de Legislação, Jurisprudência e Doutrina*, nº 11/94, p. 653.
76. Desnecessidade de depósito administrativo e judicial para discutir o crédito da seguridade social. *Orientador Trabalhista Mapa Fiscal – Suplemento de Legislação, Jurisprudência e Doutrina*, 12/94, p. 700.
77. Número máximo de dirigentes sindicais beneficiados com estabilidade. *Repertório IOB de Jurisprudência*, nº 24/94, dezembro de 1994, p. 408, texto 2/9636.
78. Participação nos lucros e incidência da contribuição previdenciária. *Revista de Previdência Social*, nº 168, nov. 1994, p. 853.
79. Proteção do trabalho da criança e do adolescente – considerações gerais. *BTC – Boletim Tributário Contábil – Trabalho e Previdência*, dez. 1994, nº 51, p. 625.
80. Critérios de não discriminação no trabalho. *Orientador Trabalhista Mapa Fiscal – Suplemento de Legislação, Jurisprudência e Doutrina*, nº 1/95, p. 103.
81. Embargos de declaração no processo do trabalho e a Lei nº 8.950/94 que altera o CPC. *Repertório IOB de Jurisprudência*, nº 3/95, fev. 1995, texto 2/9775, p. 41.
82. Empregado doméstico – Questões polêmicas. *Orientador Trabalhista Mapa Fiscal – Suplemento de Legislação, Jurisprudência e Doutrina*, nº 2/95, p. 152.
83. Não concessão de intervalo para refeição e pagamento de hora extra. *Orientador Trabalhista Mapa Fiscal – Suplemento de Legislação, Jurisprudência e Doutrina*, nº 3/95, p. 199.
84. Lei altera artigo da CLT e faz prover conflitos. *Revista Literária de Direito*, mar./abr. 1995, p. 13.
85. Empregados não sujeitos ao regime de duração do trabalho e o artigo 62 da CLT. *Orientador Trabalhista Mapa Fiscal – Suplemento de Legislação, Jurisprudência e Doutrina*, nº 4/95, p. 240.
86. A Justiça do Trabalho não pode ser competente para resolver questões entre sindicato de empregados e empregador. *Revista Literária de Direito*, maio/jun. 1995, p. 10.
87. Minutos que antecedem e sucedem a jornada de trabalho. *Orientador Trabalhista Mapa Fiscal – Suplemento de Legislação, Jurisprudência e Doutrina*, nº 5/95, p. 297.
88. Práticas discriminatórias contra a mulher e a Lei nº 9.029/95. *Repertório IOB de Jurisprudência*, nº 11/95, jun. 1995, p. 149, texto 2/10157.
89. Conflito entre a nova legislação salarial e a norma coletiva anterior. *Orientador Trabalhista Mapa Fiscal – Suplemento de Legislação, Jurisprudência e Doutrina*, nº 6/95, p. 362.
90. Imunidade tributária. *Suplemento Tributário LTr*, 34/95, p. 241.
91. Cogestão. *Revista do Tribunal Regional do Trabalho da 8ª Região*, v. 28, nº 54, jan./jun. 1995, p. 101.
92. Licença-paternidade. *Orientador Trabalhista Mapa Fiscal – Suplemento de Legislação, Jurisprudência e Doutrina*, nº 7/95, p. 409.
93. Embargos de declaração. *Jornal do VII Congresso Brasileiro de Direito Processual do Trabalho*, São Paulo : LTr, 24 a 26 jul. 1995, p. 54.
94. Reforma da Constituição e direitos previdenciários. *Jornal do VIII Congresso Brasileiro de Previdência Social*, nº 179, out. 1995, p. 723.
95. Ação declaratória incidental e coisa julgada no processo do trabalho. *Suplemento Trabalhista LTr* 099/95, p. 665 e *Revista do TRT da 8ª Região*, Belém, v. 28, nº 55, jul./dez. 1995, p. 39.

Sumário

Prefácio, xiii

Nota, xv

1 História, 1
   1 Em outros países, 1
   2 No Brasil, 2

2 Empregado doméstico, 6
   1 Denominação, 6
   2 Conceito, 6
   3 Distinções, 11
      3.1 Diferença entre empregado doméstico e empregado em domicílio, 11
      3.2 Trabalhador eventual, 12
      3.3 Trabalhador temporário, 12

3 Empregador doméstico, 13
   1 Empregador doméstico, 13
   2 Sucessão de empregadores domésticos, 16

4 Espécies de trabalhador doméstico, 17
   1 Caseiro, 17
   2 Diarista, 19
   3 Vigia de rua, 27
   4 Motorista, 30

        5 Enfermeira doméstica, 30
        6 Serviços de construção, 31

5 **Vigência da alínea *a* do art. 7º da CLT e aplicabilidade de outras normas legais, 33**
    1 Art. 7º, *a*, da CLT, 33
    2 Lei nº 5.889/73, 34

6 **Contrato de trabalho do empregado doméstico, 35**

7 **Direitos trabalhistas do empregado doméstico, 40**
    1 Considerações iniciais, 40
    2 Direitos previstos na Constituição, 40
    3 Outros direitos, 41

8 **Remuneração, 43**
    1 Conceitos, 43
    2 Elementos, 44
    3 Classificação, 44
    4 13º salário, 45
    5 Salário-mínimo, 46
    6 Irredutibilidade do salário, 49
    7 Vale-transporte, 50

9 **Descontos no salário do empregado, 52**
    1 Previdência social, 52
    2 Imposto de renda, 53
    3 Utilidades, 54
    4 Vale-transporte, 56
    5 Adiantamentos, 57
    6 Danos, 57
    7 Faltas, 58

10 **FGTS, 59**

11 **Faltas ao serviço, 64**
     1 Faltas justificadas, 64
     2 Licença-paternidade, 64

12 **Discriminação, 69**

13 **Jornada de trabalho, 70**
     1 Conceitos, 70
     2 Horas extras, 70
     3 Adicional noturno, 72

14 Repouso semanal remunerado, 73
1 Conceito, 73
2 Repouso, 73

15 Férias, 75
1 Conceito, 75
2 Férias, 75
3 Convenção nº 132 da OIT e as férias do doméstico, 80

16 Segurança e medicina do trabalho, 86
1 Higiene e segurança do trabalho, 86
2 Adicional de periculosidade e de insalubridade, 86
3 Fiscalização trabalhista, 87

17 Direito coletivo do trabalho, 88
1 Conceito, 88
2 Organização sindical, 88
3 Norma coletiva, 88
4 Contribuição sindical, 90
5 Contribuição confederativa, 90
6 Mensalidade sindical, 91

18 Rescisão do contrato de trabalho, 92
1 Conceito, 92
2 Dispensa sem justa causa, 92
3 Dispensa com justa causa, 92
4 Pedido de demissão, 94
5 Assistência na rescisão do contrato de trabalho, 94
6 Multa do § 8º do art. 477 da CLT, 95

19 Aviso-prévio, 96
1 Conceito, 96
2 Aviso-prévio do doméstico, 96

20 Garantia de emprego, 99
1 Conceitos, 99
2 Dirigente sindical, 99
3 Cipeiro, 100
4 Gestante, 100
5 Acidentado, 102

21 Prescrição, 103

22 Justiça do trabalho, 106
  1 Competência da justiça do trabalho, 106
  2 Representação do empregador doméstico em audiência, 107
  3 Art. 467 da CLT, 108
  4 Provas, 109
  5 Penhora, 110

23 Previdência social, 111
  1 Segurado obrigatório, 111
    1.1 Contribuição previdenciária, 112
  2 Benefícios previdenciários, 115
    2.1 Salário-maternidade, 116
    2.2 Aposentadoria, 118
    2.3 Auxílio-doença, 121
    2.4 Salário-família, 122
    2.5 Pensão por morte, 122
    2.6 Auxílio-reclusão, 123
    2.7 Benefício por acidente do trabalho, 124
    2.8 Seguro-desemprego, 125
    2.9 Abono anual, 127

24 Responsabilidade civil das agências de empregados domésticos, 128

25 Direito internacional e legislação estrangeira, 130
  1 Direito internacional, 130
    1.1 OIT, 130
    1.2 Declarações de direitos, 131
  2 Legislação estrangeira, 131
    2.1 Alemanha, 131
    2.2 Argentina, 132
    2.3 Chile, 134
    2.4 Colômbia, 135
    2.5 Espanha, 135
    2.6 Equador, 136
    2.7 Itália, 136
    2.8 México, 137
    2.9 Paraguai, 138
    2.10 Peru, 139
    2.11 Portugal, 139
    2.12 República Dominicana, 141

2.13 Uruguai, 141
2.14 Venezuela, 141

26 Conclusão, 142

27 A Nova lei sobre trabalho doméstico, 143
1 Comentários, 144

Apêndice A – Legislação, 149
1. Constituição de 5 de outubro de 1988, 149
2. Lei nº 5.859, de 11 de dezembro de 1972, 152
3. Decreto nº 71.885, de 9 de março de 1973, 154

Apêndice B – Modelos, 156
1. Contrato de trabalho, 156
2. Recibo de salário, 157
3. Recibo de 13º salário, 157
4. Recibo de férias, 158
5. Carta de apresentação, 158

Apêndice C – Quadro de rescisão do contrato de trabalho do doméstico, 159

Bibliografia, 161

Índice remissivo, 165

Prefácio

Trata-se de mais uma excelente obra doutrinária do jovem e talentoso juslaboralista Sergio Pinto Martins.

O *Manual do trabalho doméstico*, redigido em linguagem escorreita e objetiva, sem abandonar a imprescindível técnica, enseja fácil assimilação não só aos profissionais do direito como aos leigos, trazendo à luz a profícua experiência pedagógica adquirida pelo autor no exercício da magistratura e da cátedra como Mestre e Doutor em Direito do Trabalho.

A modéstia na escolha do título dado ao livro, característica da personalidade do autor, não faz jus ao imensurável conteúdo científico, respaldado em proficiente estudo dos fenômenos sociais e jurídicos que constituem esse novel instituto do Direito do Trabalho, logrando, com rara mestria, possibilitar sua conceituação científica.

A análise da evolução histórica do Direito do Trabalho pátrio, a intensa pesquisa no Direito comparado internacional, a inserção de prestigiosas manifestações doutrinárias de renomados juristas e a seleta citação jurisprudencial, a par dos doutos comentários do autor, credenciam este livro a preencher importante lacuna da literatura jurídico-social trabalhista.

CARLOS ORLANDO GOMES
Juiz aposentado do Tribunal Regional do
Trabalho da 2ª Região

Nota

Os direitos trabalhistas dos empregados domésticos parecem ser de fácil compreensão ou, à primeira vista, não trariam problema para o empregador doméstico administrar a situação, pois qualquer leigo poderia solucionar as dúvidas sobre o tema. Todavia, não é bem assim. Muitas vezes, observa-se que o empregador doméstico paga mal seu funcionário e terá de pagar novamente, seja porque não pede recibo de pagamento, seja porque alguns direitos do doméstico são controvertidos, ou até por falta de informação.

Vários dos direitos trabalhistas dos empregados domésticos são discutíveis, sendo a questão basicamente analisada em torno da aplicação ou não da CLT ao referido trabalhador, ou sobre a extensão, a ele, dos direitos assegurados pela Constituição.

Daí a necessidade de um estudo que esclareça essa situação e sirva de orientação ao empregador doméstico e também ao próprio empregado doméstico.

Muitas das questões analisadas no presente trabalho foram fruto de casos concretos que tive de solucionar, porém não encontrava posição, quer na doutrina, quer na jurisprudência, ou esta última mostrava-se hesitante. O mencionado estudo surgiu de palestra que fui ministrar na cidade de Franca, a convite do professor e juiz do trabalho Dr. José Pitas, em outubro de 1995. O texto foi crescendo e resolvi publicá-lo.

O nome correto para o presente trabalho deve ser *Manual do trabalho doméstico*, pois irei analisar não só o empregado doméstico e seu empregador, como também outros trabalhadores domésticos que não têm vínculo de emprego doméstico. Daí por que preferi usar o gênero *trabalho*, que compreende não só aquele que presta os serviços, mas também a pessoa que os recebe.

Fiz, dentro do possível, a análise doutrinária do trabalho doméstico, bem como são indicados alguns acórdãos colhidos na jurisprudência que entendi oportunos, mormente para posicionar o leitor sobre a matéria, a respeito da orientação dos tribunais trabalhistas.

Nesta edição, o texto foi revisto. Foram feitas correções e atualizações.

História 1

1 Em outros países

O trabalho doméstico sempre foi desprestigiado no transcurso do tempo, sendo anteriormente prestado por escravos e servos, principalmente mulheres e crianças.

Em Roma, os servos eram divididos em rústicos e urbanos. Entre os servos urbanos, existiam os familiares, que faziam o trabalho doméstico.

No Feudalismo, verifica-se a existência dos *servus rusticus* e dos *servus ministerialis* ou *famuli*, que eram os que realizavam o trabalho doméstico.

Na Idade Média, o patrão mantinha o escravo para fazer serviços domésticos e também para que não morresse.

No século XVII, havia várias pessoas que faziam serviços domésticos, como aias, despenseiros, amas, amas de leite, amas-secas, cozinheiros, secretários, criados, damas de companhia.

Aos poucos, houve um nivelamento entre os homens livres e os servos, surgindo o *famulatus*. A Igreja começou a se preocupar com a situação do *famulatus*, de modo que houve uma melhoria de sua condição, passando a ser considerado um prestador de trabalho, de maneira autônoma.

Na prática, a primeira norma que disciplinou o trabalho doméstico foi o Código Civil português de 1867, tratando de modo completo e exauriente o contrato de trabalho doméstico, nos arts. 1.370 a 1.390.

O Código Civil português inspirou o Código Civil germânico, que, tratando da locação de serviços, regulou também o trabalho doméstico, impondo obrigações ao empregador em caso de doença do empregado.

2 No Brasil

A Lei de 13-9-1830 regulou "o contrato por escrito sobre prestação de serviços feitos por brasileiros ou estrangeiros dentro ou fora do Império". Tal norma era muito genérica, compreendendo também os empregados domésticos.

No Brasil, o trabalho doméstico surge com os escravos, que vinham da África e também eram utilizados para fazer os trabalhos domésticos, principalmente as empregadas, cozinhando ou servindo como criadas.

O Código de Posturas do Município de São Paulo, de 1886, determinou, entre outras coisas, regras para as atividades "dos criados e das amas de leite". Definiu o "criado de servir", como "toda pessoa de condição livre que, mediante salário convencionado, tiver ou quiser ter ocupação de moço de hotel, hospedaria ou casa de pasto, cozinheiro, copeiro, cocheiro, hortelão, de ama de leite, ama-seca, engomadeira ou costureira e, em geral, a de qualquer serviço doméstico" (art. 263). O empregado deveria ser registrado perante a Secretaria de Polícia, que expedia uma caderneta para efeito de identificação. Havia direito a aviso-prévio na rescisão do contrato de trabalho de prazo indeterminado, de cinco dias, pelo empregador, e oito dias, pelo empregado. Considerava-se justa causa para a dispensa a doença que impedisse o empregado de trabalhar ou se o empregado saísse de casa a passeio ou a negócio, sem licença do patrão, mormente à noite. Existiam multas para o inadimplemento do contrato, que eram convertidas em prisão simples, para qualquer das partes, quando não houvesse o respectivo pagamento.

Com a abolição da escravatura, muitas pessoas que eram escravas continuaram nas fazendas, em troca de local para dormir e comida, porém na condição de empregados domésticos.

Em nosso sistema jurídico, não havia regulamentação específica para o trabalho doméstico, aplicando-se certos preceitos do Código Civil, no que diz respeito à locação de serviços, inclusive quanto a aviso-prévio. O art. 1.216 do Código Civil de 1916 previa que "toda espécie de serviços ou trabalho lícito, material ou imaterial, pode ser contratado mediante retribuição", abrangendo também o trabalho doméstico.

O Decreto nº 16.107, de 30-7-1923, regulamentou os serviços dos domésticos no âmbito do Distrito Federal, especificando quais seriam esses trabalhadores: cozinheiros e ajudantes, copeiros, arrumadores, lavadeiras, engomadeiras, jardineiros, hortelões, porteiros ou serventes, enceradores, amas-secas ou de leite, costureiras, damas de companhia. O empregado doméstico deveria apresentar a carteira de identificação profissional expedida pelo Gabinete de Identificação e Estatística à delegacia do respectivo distrito policial, sempre que deixasse o emprego, no prazo de 48 horas, sob pena de multa (art. 7º). Anotava-se na carteira a conduta e aptidão profissional (art. 10, c), o que era feito pelo empregador. A locação do serviço doméstico era conceituada de acordo com a atividade do locador (cozinheiro, ajudante, copeiro, dama de companhia) ou do locatário (hotéis, restaurantes, consultórios, casas particulares) (art. 2º). O candidato que tivesse maus antecedentes poderia ter denegado seu pedido relativo à carteira, inclusive se estivesse respondendo a processo criminal inafiançável, e também havia a retenção se o empregado fosse dispensado por falta grave.

O Decreto-lei nº 3.078, de 27-2-1941, tratou do empregado doméstico. Considerava empregados domésticos "todos aqueles que, de qualquer profissão ou mister, mediante remuneração, prestem serviços em residências particulares ou a benefício destas". O contrato entre as partes tinha o nome de "locação de serviço doméstico" (art. 3º). Tinham os domésticos direito a aviso-prévio de oito dias, depois de um período de prova de seis meses. O empregado também deveria conceder aviso-prévio ao empregador, sujeitando-se ao desconto em seu salário de importância correspondente ao prazo, se não fosse concedido (§ 2º do art. 3º). Poderia rescindir o contrato em caso de atentado a sua honra ou integridade física, mora salarial ou falta de cumprimento da obrigação do empregador de proporcionar-lhe ambiente higiênico de alimentação e habitação, tendo direito à indenização de oito dias. O empregado doméstico deveria possuir CTPS, que seria expedida pela autoridade policial (art. 2º). Exigia-se, para a expedição da CTPS: (a) prova de identidade; (b) atestado de boa conduta passado pela autoridade policial; (c) atestado de vacina e saúde, fornecido por autoridade federal, estadual ou municipal e, onde não as houvesse, por qualquer médico, cuja firma deveria ser reconhecida (art. 2º, § 1º). Os atestados de boa conduta e de vacina e saúde deveriam ser renovados de dois em dois anos, sob pena de caducidade da CTPS, salvo se o empregado continuasse trabalhando para o mesmo empregador (§§ 3º e 4º do art. 2º). O empregado dava quitação dos salários na própria CTPS, que se constituía em instrumento hábil para reclamação perante o Ministério do Trabalho, Indústria e Comércio (art. 3º, § 3º), sendo anotado também o aviso-prévio. Havia entendimento no sentido de que o Decreto-lei nº 3.078 não era autoaplicável, pois seu art. 15 dizia que deveria ser regulamentado no prazo de 90 dias e isso não ocorreu. Entretanto, certos preceitos da referida norma já eram claros o suficiente e não necessitavam de regulamentação. Posteriormente argumentava-se que a alínea *a* do art. 7º da CLT teria revogado o referido decreto-lei, porém não tratou das questões nele contidas. Logo, não se poderia falar em revogação, em razão de que a CLT não tratava de direitos do empregado doméstico e o excluía de sua aplicação; além do que, apenas emitia o conceito de empregado doméstico. A própria Lei nº 2.757, de 23-4-1956, fazia referência ao Decreto-lei nº 3.078, presumindo-se, assim, que continuava em vigor.

Em 1943, a CLT especificou, em seu art. 7º, que "os preceitos constantes da presente Consolidação, salvo quando for, em cada caso, expressamente determinado em contrário, não se aplicam: a) aos empregados domésticos, assim considerados os que prestam serviços de natureza não econômica à pessoa ou à família, no âmbito residencial destas", regra que continua em vigor. Com esse preceito legal o empregado doméstico ficou praticamente marginalizado, no que diz respeito a seus direitos trabalhistas.

A Lei nº 605, de 5-1-1949, versou sobre o repouso semanal remunerado. A alínea *a* do art. 5º determinou expressamente que seus dispositivos não se aplicavam "aos empregados domésticos, assim considerados, de modo geral, os que prestam serviço de natureza não econômica à pessoa ou à família no âmbito residencial destas". Isso indicava que o empregado doméstico não tinha direito a repouso semanal remunerado.

O Decreto estadual paulista nº 19.216, de 2-3-1950, aprovou o regulamento da Secção de Registro dos Empregados Domésticos, do Departamento de Investigações. O objetivo era identificar o doméstico e verificar seus antecedentes. O art. 5º previa que "nas carteiras serão impressos os dispositivos referentes aos deveres do empregador e do empregado de acordo com os termos do Decreto-lei federal nº 3.078, de 27-2-1941 (art. 12)".

A Lei nº 2.757, de 23-4-1956, excluiu expressamente das disposições da alínea *a* do art. 7º da CLT e do art. 1º do Decreto nº 3.078/41 os empregados porteiros, zeladores, faxineiros e serventes de prédios de apartamentos residenciais, desde que a serviço da administração do edifício e não de cada condômino em particular. Assim, tais pessoas não eram consideradas empregados domésticos, mas empregados comuns, regidos pela CLT. Não eram, portanto, empregados dos proprietários individuais de cada unidade do condomínio, mas do próprio condomínio.

O art. 161 da Lei nº 3.807, de 26-8-1960 (LOPS), estabeleceu que o empregado doméstico poderia filiar-se à Previdência Social como segurado facultativo.

O Estatuto do Trabalhador Rural (Lei nº 4.214, de 2-3-1963) excluiu também expressamente da aplicação de seus preceitos os empregados domésticos (art. 8º, *a*).

A situação do empregado doméstico só foi efetivamente resolvida com a Lei nº 5.859, de 11-12-1972. Trata-se de norma que não só especificou direitos trabalhistas ao empregado doméstico, mas também o incluiu na condição de segurado obrigatório da Previdência Social, determinando a forma de custeio por parte do trabalhador e do empregador. Determinava a Lei nº 5.859, no art. 7º, que haveria a regulamentação de seus preceitos no prazo de 90 dias, vigorando nos 30 dias subsequentes à publicação de seu regulamento. O regulamento surgiu dentro do prazo de 90 dias anteriormente mencionado, conforme o Decreto nº 71.885, de 9-3-1973, tendo vigência 30 dias após a publicação da norma regulamentar.

A Lei nº 7.195, de 12-6-1984, tratou da responsabilidade civil das agências de empregados domésticos. Seu art. 1º esclareceu que "as agências especializadas na indicação de empregados domésticos são civilmente responsáveis pelos atos ilícitos cometidos por estes no desempenho de suas atividades". O art. 2º declarou que, "no ato da contratação, a agência firmará compromisso com o empregador, obrigando-se a reparar qualquer dano que venha a ser praticado pelo empregado contratado, no período de um ano". As determinações da referida norma são bastante positivas, no sentido de que a agência selecione corretamente o doméstico e se responsabilize por tal fato, inclusive colhendo informações do trabalhador em serviços anteriores, de modo a demonstrar toda a idoneidade possível.

Na Assembleia Nacional Constituinte, na Subcomissão dos Direitos dos Trabalhadores, não houve um dispositivo tratando do trabalho doméstico. Na Comissão da Ordem Social foi dada a seguinte redação: "são assegurados à categoria dos trabalhadores domésticos, além de outros que visem à melhoria de sua condição social, os direitos previstos nos itens IV, VI, IX, X, XII, XVIII, XIX e XXVII do art. 2º, bem como a sua integração à previdência social e aviso-prévio de despedida, ou equivalente em dinheiro". Na Comissão de Sistematização, a redação era a seguinte: "são assegurados à categoria dos trabalhadores domésticos os direitos previstos nos incisos IV, VI, VIII, XIV, XVI, XVIII e XXI do artigo anterior, bem como a integração à previdência social".

O parágrafo único do art. 7º da Constituição especificou que "são assegurados à categoria dos trabalhadores domésticos os direitos previstos nos incisos IV, VI, VIII, XV, XVII, XVIII, XIX, XXI e XXIV, bem como a sua integração à Previdência Social". Os incisos mencionados tratam, respectivamente, de salário-mínimo, irredutibilidade do salário, décimo terceiro salário, repouso semanal remunerado, férias anuais, licença à gestante, licença-paternidade, aviso-prévio e aposentadoria. O conceito empregado pela Constituição parece ser mais amplo, pois, em vez de utilizar a expressão *empregado doméstico*, utiliza *trabalhador doméstico*, já que trabalhador é gênero do qual empregado é espécie. Parece correto o critério utilizado pelo constituinte, pois o trabalhador doméstico que não presta serviços sob a forma de vínculo de emprego também tem direito à aposentadoria e aos benefícios previdenciários. No entanto, o trabalhador autônomo doméstico não tem direito a aviso-prévio, férias e outras verbas, pela inexistência de relação de emprego entre as partes, o que mostra que o critério usado pelo legislador constituinte não é preciso, trazendo problemas de interpretação. Criticou-se, também, a inclusão do empregado doméstico na Constituição em razão de que estaria sendo privilegiada uma categoria em particular, sendo que a Lei Maior não deveria conter particularidades, que deveriam ficar a cargo da lei ordinária. Todavia, havia um compromisso das lideranças com a categoria dos empregados domésticos, de forma que seus direitos fossem assegurados constitucionalmente. Assim, mostra-se que houve intuito deliberado do constituinte no sentido de passar a assegurar na Constituição direitos trabalhistas aos empregados domésticos, que muitas vezes eram marginalizados, inclusive na legislação ordinária.

No âmbito da Seguridade Social, o doméstico teve seus direitos previdenciários reconhecidos no inciso II do art. 12 da Lei nº 8.212/91, na condição de segurado obrigatório.

Empregado Doméstico 2

1 Denominação

A palavra *doméstico* provém do latim *domesticus*, da casa, da família, de *domus*, lar. Lar é a parte da cozinha onde se acende o fogo, mas em sentido amplo compreende qualquer habitação. O doméstico será a pessoa que trabalha para a família, na habitação desta.

Usam-se também as expressões *serviçal*, como se verificava no inciso V do § 10 do art. 178 e no inciso III do art. 1.521 do Código Civil de 1916, e *fâmulo*, mas também pode ser encontrada a palavra *criado*. A palavra *serviçal* indica a pessoa que presta serviços, sendo que, em sentido mais restrito, é o criado ou criada que presta serviços na residência do patrão, isto é, o doméstico, que vem de servo. O fâmulo também é um servidor, um criado, um caudatário, isto é, a pessoa servil.

Na França, costuma-se empregar a denominação *employés de maison* (empregados de casa), que são as pessoas assalariadas por particulares para prestar serviços domésticos (Código de Trabalho, art. L, 772-I, Employés de Maison). Usa-se a expressão *la bonne* para empregada doméstica ou criada e *femmede ménage* para faxineira.

A *International Domestic Workers Network* afirma que pode haver uma má interpretação entre doméstico e domesticado na América Latina, por isso preconiza a substituição da palavra doméstico por *del hogar*, do lar, ou em âmbito residencial.

2 Conceito

Considerava o art. 1º do Decreto-lei nº 3.078, de 27-2-1941, empregados domésticos "todos aqueles que, de qualquer profissão ou mister, mediante remuneração, prestem serviços em residências particulares ou a benefício destas". Observa-se aqui um conceito muito amplo e pouco preciso, além de tentar diferenciar o doméstico em razão da profissão.

A alínea *a* do art. 7º da CLT considera empregados domésticos, "de um modo geral, os que prestam serviços de natureza não econômica à pessoa ou à família, no âmbito residencial destas". Mozart Víctor Russomano (1990, v. 1:32) e Délio Maranhão (1993, v. I:178) criticam a expressão *natureza não econômica*, sob o argumento de que toda produção de bens ou serviços que visa atender às necessidades humanas tem caráter econômico. Ensina Russomano que, "sempre que o serviço fosse executado, pois, no âmbito residencial da família, isto é, no círculo de sua vida cotidiana, na esfera afetiva do lar, e desde que a prestação não tivesse o intuito de proporcionar lucros ou rendimentos pecuniários, o trabalhador seria doméstico" (1978:103).

A alínea *a* do art. 5º da Lei nº 605/49 considerava a empregados domésticos, "de modo geral, os que prestam serviço de natureza não econômica à pessoa ou à família no âmbito residencial destas". A referida alínea tem praticamente a mesma redação da alínea *a* do art. 7º da CLT.

O art. 8º do Estatuto do Trabalhador Rural (Lei nº 4.214/63) considerava empregados domésticos, "de modo geral, os que prestam serviços de natureza não econômica à pessoa ou à família, no âmbito residencial destas".

Estabelece o art. 1º da Lei nº 5.859, de 11-12-1972, que empregado doméstico é "aquele que presta serviços de natureza contínua e de finalidade não lucrativa à pessoa ou à família, no âmbito residencial destas". Não mais se faz a conceituação do empregado doméstico em razão da função exercida, como o fazia o Decreto nº 16.107/23.

Esclareceu o inciso II do art. 12 da Lei nº 8.212/91 que o empregado doméstico é "aquele que presta serviço de natureza contínua à pessoa ou família, no âmbito residencial desta, em atividades sem fins lucrativos". O inciso II do art. 9º do Regulamento da Previdência Social afirma que o empregado doméstico é "aquele que presta serviço de natureza contínua, mediante remuneração mensal, à pessoa ou família, no âmbito residencial destas, em atividades sem fins lucrativos".

Nota-se de todos esses conceitos anteriormente enunciados que o doméstico não deixa de ser um empregado.

A função que o empregado exerce irá caracterizá-lo ou não como doméstico, pois certas funções são desempenhadas tanto em empresas comuns como em relação ao empregador doméstico, como as de cozinheiras, faxineiras etc. Necessariamente, não é a natureza do trabalho do empregado que irá definir se ele é ou não doméstico, mas a existência de lucratividade na atividade do empregador.

Dois requisitos devem inicialmente ser observados para a caracterização do empregado doméstico: (a) serviços sem finalidade lucrativa; (b) prestados para a pessoa ou família, para o âmbito residencial destas.

Se o empregador doméstico tiver atividade lucrativa, deixa o contrato entre as partes de ser doméstico, para ser regido pela CLT. Seria aplicada a regra mais benéfica ao empregado, que é a CLT. Um professor, porém, que trabalhar para o âmbito residencial do empregador, ministrando lições ao filho de seu patrão, será doméstico, pois ausente está a finalidade lucrativa nas atividades do empregador.

A definição atual de empregado doméstico substitui a expressão anterior, prestação de serviços de *natureza não econômica*, encontrada na alínea *a* do art. 7º da CLT e na alínea *a* do art. 5º da Lei nº 605/49, por *finalidade não lucrativa*, que, para alguns autores, é mais precisa.

A expressão *no âmbito residencial* deve ser interpretada num sentido amplo, pois, do contrário, somente o empregado que prestasse serviços dentro da residência seria considerado doméstico. A residência é o local em que a pessoa para, permanece em suas horas de descanso ou onde faz suas refeições e repousa durante a noite.

Assim, mais correto seria dizer que o empregado doméstico deve prestar serviços à pessoa ou família *para* o âmbito residencial destas, como entende Amauri Mascaro Nascimento (1994:164), pois, caso contrário, aquele que prestasse serviços externos à casa não poderia ser considerado empregado doméstico, como o motorista e o jardineiro. O serviço prestado pelo doméstico não é apenas no interior da residência, mas pode ser feito externamente, desde que, evidentemente, o seja para pessoa ou família. Daí ser possível dizer ser incorreto quando o art. 1º da Lei nº 5.859 determina que o serviço deve ser prestado no âmbito residencial, pois o motorista não presta serviços no âmbito residencial, mas externamente, *para* o âmbito residencial. Assim, deve-se empregar a expressão *para o âmbito residencial* visando abranger, também, a situação dos domésticos que prestam serviços externamente, como o motorista. Mesmo um piloto de avião, que presta serviços apenas para seu patrão, que possui uma fazenda, pode ser considerado empregado doméstico, desde que o serviço seja feito apenas para o patrão, e não para a fazenda. Nesse caso, o fato de o piloto prestar serviços com avião e externamente não o descaracteriza como doméstico, pois é a mesma situação do motorista. O que importa é que o serviço seja prestado para o âmbito residencial, isto é, para a pessoa ou família, e não, no caso, para a fazenda.

Já decidiu o TRT da 5ª Região, em caso semelhante, que "marinheiro de barco particular, usado para recreio do proprietário, seus familiares e amigos, sem qualquer fim lucrativo, é doméstico" (proc. 689/73, ac. 1.418/73, j. 9-10-73, Rel. Juiz Rosalvo Torres, in *LTr* 38/293).

Âmbito residencial é algo mais amplo que residência, pois compreende tanto o trabalho interno como o externo, mas para a residência. Pouco importa qual a função do doméstico, pois o que interessa é se o trabalho é realizado para o âmbito residencial. Se o professor, enfermeiro ou outra pessoa presta serviços para o âmbito residencial, o trabalho será doméstico.

Não pode a expressão *âmbito residencial* ser entendida apenas como o interior da residência da pessoa, mas todo o ambiente ligado à vida da família, até mesmo dentro de um hospital, como no caso da enfermeira que assiste particularmente o doente.

O que caracteriza o doméstico não é a natureza do serviço que faz, mas onde presta os serviços: no âmbito doméstico.

A definição de empregado doméstico precisa, assim, ser mais bem enunciada, da seguinte forma: empregado doméstico é a pessoa física que presta serviços de natureza contínua à pessoa ou família, para o âmbito residencial destas, desde que não tenham por objeto atividade lucrativa.

O empregado doméstico é pessoa física, pois não poderá ser pessoa jurídica ou animal. A legislação trabalhista, inclusive a do empregado doméstico, tutela a pessoa física do trabalhador. Os serviços prestados pela pessoa jurídica são regulados pelo Direito Civil.

Não dispõe a lei que o trabalho doméstico tem de ser necessariamente diário, mas contínuo, o que implica dizer que pode não ser diário. Por *continuidade* afirma-se que o trabalho do doméstico deve ser periódico, com regularidade, sucessivo. Temos de interpretar a palavra *contínua*, empregada na lei, como não episódica, não eventual, não interrompida; seguida, sucessiva. Não vejo como fazer a distinção entre *continuidade*, prevista no art. 1º da Lei nº 5.859 para caracterizar o empregado doméstico, e *não eventualidade*, encontrada na definição de empregado do art. 3º da CLT. Octávio Bueno Magano entende que um dos requisitos do contrato de trabalho é a continuidade (1992, v. 2:49), mostrando ser esse pacto um contrato de trato sucessivo, de duração (1992, v. 2:49-50). Quanto aos domésticos, "os serviços podem ser prestados em forma contínua e ininterrupta ou em forma periódica; uma vez por semana, três vezes por semana, uma vez a cada 15 dias etc.", não afetando a caracterização do trabalhador doméstico (Plá Rodriguez, 1978:105).

Um dos requisitos, portanto, do contrato de trabalho é a continuidade na prestação de serviços, pois esse pacto é um contrato de trato sucessivo, de duração, que não se exaure numa única prestação, como ocorre com a compra e venda, em que é pago o preço e entregue a coisa.

Além dos requisitos anteriormente mencionados, para a configuração do vínculo de emprego doméstico ainda é preciso atentar para os elementos constantes dos arts. 2º e 3º da CLT, isto é, subordinação, pessoalidade e pagamento de salário. A definição do art. 1º da Lei nº 5.859 quis destacar o que há de peculiar no trabalho doméstico, não querendo, porém, excluir os requisitos do art. 3º da CLT.

A subordinação também deverá estar presente no contrato de trabalho do empregado doméstico. Ensina Amauri Mascaro Nascimento que "subordinação e poder de direção são verso e reverso da mesma medalha" (1994:151). A subordinação é o aspecto da relação de emprego visto pelo lado do empregado, enquanto o poder de direção é a mesma acepção vista pelo lado do empregador. Isso quer dizer que o trabalhador empregado doméstico é dirigido por outrem: o empregador doméstico. Se o trabalhador não é dirigido pelo empregador, mas por ele próprio, não se pode falar em empregado, mas em trabalhador autônomo ou outro tipo de trabalhador. A subordinação é o estado de sujeição em que se coloca o empregado em relação ao empregador, aguardando ou executando suas ordens. Poder-se-ia dizer que a subordinação ou dependência estaria evidenciada de quatro maneiras: (a) econômica, pois o empregado dependeria economicamente do empregador. Contudo, essa orientação não é precisa, pois o filho depende economicamente do pai, porém, à primeira vista, não é empregado deste último, assim como o empregado rico não depende economicamente do empregador; (b) técnica, no sentido de que o empregado dependeria tecnicamente do empregador. Entretanto, verificamos que os altos empregados, executivos, não dependem do empregador, mas este depende tecnicamente daqueles; (c) hierárquica, significando a situação do trabalhador por se achar inserido no âmbito da organização da empresa, recebendo ordens; (d) jurídica, em razão da situação do contrato de trabalho, em que está sujeito a receber ordens, decorrente do poder de direção do empregador, do seu poder de comando, que é a tese mais aceita.

A subordinação acaba sendo com a família, pois todos na família acabam dando ordens ao empregado doméstico, embora nem todos paguem seu salário.

O empregado doméstico é uma pessoa que recebe salários pela prestação de serviços ao empregador doméstico. É da natureza do contrato de trabalho ser este oneroso. Não existe contrato de trabalho gratuito. Assim, o empregador recebe a prestação de serviços por parte do empregado. Em contrapartida, deve pagar um valor pelos serviços que recebeu daquela pessoa. Se a prestação de serviços for gratuita, como a do filho que lava o veículo do pai ou da pessoa que faz alguns serviços domésticos sem nada receber, não haverá a condição de empregado doméstico. A mulher que presta serviços domésticos para o marido não é doméstica, porque não recebe pagamento pelo serviço prestado.

A prestação de serviços deve ser feita com pessoalidade. O contrato de trabalho é feito com certa pessoa, daí se dizer que é *intuitu personae*. O empregador conta com certa pessoa específica para lhe prestar serviços. Se o empregado doméstico faz-se substituir constantemente por outra pessoa, como por um parente, inexiste o elemento pessoalidade na referida relação. Esse elemento é encontrado na parte final da definição de empregador (art. 2º da CLT).

São exemplos de empregados domésticos: o mordomo, a cozinheira, o jardineiro, o motorista, a copeira, a governanta, a arrumadeira, a babá, a lavadeira, a passadeira, a enfermeira ou enfermeiro particular que cuida do doente, damas de companhia, guardas etc.

Antigamente, havia certa dúvida a respeito de os empregados do condomínio de apartamentos serem empregados regidos pela CLT ou empregados domésticos, pois o condomínio não tem finalidade lucrativa e é composto de pessoas ou famílias, que nele residem. A Lei nº 2.757, de 23-4-1956, dirimiu a referida situação, mencionando que os empregados porteiros, zeladores, faxineiros e serventes de prédios de apartamentos residenciais são regidos pela CLT, desde que a serviço da administração do edifício, e não de cada condômino em particular (art. 1º). Não são, portanto, empregados domésticos. Ao contrário, se estiverem a serviço de condômino em particular, serão considerados empregados domésticos. Se no edifício só há apartamentos destinados a aluguel e são de propriedade de uma única pessoa, também há vínculo de emprego regido pela CLT em relação aos empregados que prestem serviços ao proprietário, pois há intuito de lucro com o aluguel.

Nossa lei também não faz nenhuma distinção em virtude de o trabalho ser manual ou intelectual, como ocorre na Itália. Admite-se, portanto, que o professor que ministra aulas a aluno na residência deste é empregado doméstico, desde que haja subordinação e as demais características do vínculo, pois inexistiria atividade lucrativa a ser prestada. Da mesma forma, não são excluídos certos trabalhadores do nosso regime doméstico, como o faz a legislação argentina em relação ao motorista e ao enfermeiro.

O fato de o empregado doméstico dormir ou não no emprego não irá desnaturar a referida relação, pois não é o elemento preponderante.

O que importa para a caracterização do empregado doméstico é que seu serviço seja prestado para pessoa ou família que não tenha atividade lucrativa e para o âmbito residencial destas. Pouco importa o serviço que será feito, mas se é realizado naquele contexto. Não interessa também a atividade do prestador, mas se a prestação de serviços é feita a uma pessoa que tenha ou não atividade lucrativa como escopo.

Mesmo que a empregada preste serviços na residência e ao mesmo tempo na atividade lucrativa, prevalece a situação mais favorável, que é a aplicação da CLT. Será considerada empregada comum e não doméstica. O fato de o negócio ser de pequeno porte não desnatura o que mencionei.

3 Distinções

3.1 Diferença entre empregado doméstico e empregado em domicílio

O art. 6º da CLT não distingue o trabalho realizado no estabelecimento do empregador e o executado no domicílio do empregado, desde que esteja caracterizada a relação de emprego. O art. 83 da CLT considera empregado em domicílio o que executa seu trabalho em sua própria habitação, ou em oficina de família, por conta de empregador que o remunere. Estabelece o mesmo artigo que essa pessoa tem direito ao salário-mínimo. Em resumo: o empregado em domicílio é o que presta serviços continuada e pessoalmente em sua própria residência, mas com subordinação a seu empregador, que o remunera e dirige. Existe, no caso, uma subordinação técnica ou jurídica do empregado em domicílio ao empregador. É o caso das costureiras que trabalham em sua própria residência para o empregador.

O empregado doméstico presta serviços na residência da pessoa ou família que não tem atividade lucrativa e não em sua própria residência. O empregado em domicílio presta serviços em sua própria residência, mas para uma pessoa física ou jurídica que tem por intuito atividade lucrativa. O empregado em domicílio é regido pela CLT, enquanto o empregado doméstico é regido pela Lei nº 5.859, tendo direitos especificados no parágrafo único do art. 7º da Constituição.

A diferença, portanto, entre o doméstico e o empregado em domicílio é a existência de atividade lucrativa por parte do empregador comum, ao contrário do empregador doméstico.

3.2 Trabalhador eventual

O trabalhador eventual é ligado a um evento. Presta serviços em determinada ocasião e depois não mais comparece. Exemplo é o encanador contratado para desentupir canos. Ele vem ao local, faz seu serviço e depois nunca mais volta. É, portanto, contratado para trabalhar num evento específico, ocasionalmente, acidentalmente, casualmente.

O doméstico, ao contrário, presta serviços continuadamente ao empregador. Não comparece uma vez ou outra à residência do empregador.

Seria considerado eventual o trabalhador que fizesse limpeza apenas ocasionalmente para o empregador doméstico, como duas vezes por ano etc. Seria também eventual o trabalhador que fosse contratado apenas para ajudar numa festa de aniversário ou o garçom contratado para servir na mesma festa.

3.3 Trabalhador temporário

O trabalhador temporário é regido pela Lei nº 6.019/74. O art. 2º da referida norma define o trabalho temporário como o "prestado por pessoa física a uma empresa, para atender a necessidade transitória de substituição de seu pessoal regular e permanente ou a acréscimo extraordinário de serviços". O trabalhador temporário é contratado por um período máximo de três meses pela empresa de trabalho temporário, que o coloca na empresa que necessita de serviços temporários, chamada de empresa tomadora dos serviços ou cliente.

Presta serviços o trabalhador temporário para uma empresa, a empresa de trabalho temporário, que tem atividade lucrativa, sendo considerado empregado desta. O doméstico presta serviços para uma pessoa física ou família, que não tem por intuito atividade lucrativa.

Empregador Doméstico 3

1 Empregador doméstico

A Lei nº 5.859 não define expressamente o que vem a ser empregador doméstico. Apenas seu art. 1º estabelece o que vem a ser empregado doméstico. A *contrario sensu*: empregador doméstico é a pessoa física ou família que recebe a prestação de serviços de natureza contínua e de finalidade não lucrativa por parte do empregado doméstico, para seu âmbito residencial.

Determina o inciso II do art. 3º do Decreto nº 71.885 que o empregador doméstico é "a pessoa ou família que admite a seu serviço empregado doméstico".

O inciso II do art. 15 da Lei nº 8.212 define empregador doméstico como a pessoa ou família que admite a seu serviço, sem finalidade lucrativa, empregado doméstico. O inciso II do art. 12 do Regulamento da Previdência Social conceitua empregador doméstico como aquele que admite a seu serviço, mediante remuneração, sem finalidade lucrativa, empregado doméstico.

É possível conceituar empregador doméstico analisando o art. 1º da Lei nº 5.859.

A pessoa a que se refere o art. 1º da Lei nº 5.859 é a pessoa física, pois a pessoa jurídica geralmente terá por intuito uma atividade lucrativa. Entende-se que é a pessoa física porque não se pode pensar numa pessoa jurídica que seja família. É empregador doméstico, por exemplo, a viúva que não tem filhos.

O termo *família* é bastante amplo, podendo ter vários significados. Os dicionários o definem como um grupo de pessoas; de pessoas que vivem na mesma casa ou são do mesmo sangue; mas também é família um agrupamento de gêneros ou tribos de vegetais, de animais que têm características comuns. É claro que o termo utilizado diz respeito mesmo a pessoas. O primeiro significado que compreende os cônjuges e os filhos. Num sentido mais amplo, incluiria os cônjuges, seus filhos e os filhos destes. Num sentido mais amplo ainda, diria respeito aos cônjuges, filhos e parentes colaterais e afins, como o cunhado e a cunhada, o sogro e a sogra, o genro e a nora etc. A lei usa, porém, o termo *família* num sentido amplo, devendo-se entender que são todas as pessoas que vivam na mesma residência, como ocorre com parentes que moram no mesmo local, como tio e sobrinhos ou irmãos e primos. Essa também é uma forma de se interpretar a expressão *âmbito residencial*, isto é, esta compreende as pessoas que nele residam. Pouco importa se a família tem ou não personalidade jurídica, pois esse não é elemento marcante para descaracterizar a condição do empregador doméstico, mas a situação de fato.

O empregador doméstico não é apenas a família, necessariamente, mas também um grupo de pessoas que se reúnem para viver conjuntamente. É o que ocorre numa residência ou apartamento ocupado por estudantes universitários ("república" de estudantes), que necessitam de uma pessoa que faça comida, lave roupas e cuide da casa. O mesmo ocorre em relação a pessoas que não tenham parentesco entre si, mas necessitem de alguém que faça os serviços domésticos. Apesar de o grupo não ser uma família, pois cada membro não tem parentesco com os demais integrantes do grupo, será considerado empregado doméstico o trabalhador que prestar serviços, até porque o serviço é prestado para pessoas; além de não deixar de ser uma espécie de situação que compreende a reprodução da vida familiar.

O trabalho doméstico prestado a pessoa jurídica descaracteriza a condição de doméstico, passando a ser empregado regido pela CLT, pois o empregador doméstico só pode ser pessoa física ou família.

Qualquer membro da família pode, porém, registrar o doméstico, não precisando necessariamente ser a mulher, como normalmente ocorre.

O empregador doméstico não tem por intuito atividade lucrativa, pois é uma pessoa ou família que recebe a prestação de serviços do trabalhador. A família é um grupo de consumo. Nada produz, não tendo finalidade lucrativa. O que importa é que o empregador não tenha por objetivo o lucro em sua atividade, pois, se tiver esse ideal, mesmo que não aufira lucro, será considerado empregador comum, e não doméstico. O empregador não tem por objetivo colocar bens ou serviços no mercado com o fim de venda. Délio Maranhão esclarece que "não econômica, isto sim, é a utilização dos serviços domésticos por quem os contrata. Vale dizer: os serviços domésticos não constituem fator de produção para quem deles se utiliza, mas, unicamente, para quem os presta" (1993, v. 1:178). Exercendo a pessoa ou a família atividade lucrativa, a empregada que lhe presta serviços passa a ser regida pela CLT, não sendo doméstica, como ocorre no caso do empregador que vende roupas ou costura mediante a utilização de empregado, pois há venda com intuito de lucro. Da mesma forma, a família que explora uma pensão ou aluga quartos em sua residência não poderá ter um empregado na condição de doméstico, já que tem uma atividade econômica com finalidade de lucro. O cozinheiro que trabalha para pessoa que tem uma casa que fornece refeições a terceiros, mediante paga, não será doméstico. Nesses casos, não se pode falar em empregado doméstico justamente pelo fato de o empregador exercer atividade lucrativa. O empregador doméstico não poderá, portanto, ter atividade lucrativa. Assim, a arrumadeira de uma residência será empregada doméstica, pois naquela não há atividade lucrativa, enquanto que, se trabalhar para um hotel, será empregada urbana regida pela CLT; a cozinheira que trabalhar na residência será doméstica, no restaurante será empregada urbana; o jardineiro de uma residência será doméstico, o de uma empresa comum será empregado regido pela CLT.

De outro lado, se parte da atividade é realizada para o âmbito residencial e parte tem finalidade lucrativa, deve-se verificar, em princípio, qual a atividade preponderante – a lucrativa ou a prestada para o âmbito residencial – para que se configure a condição de doméstico ou não. A não ser que seja possível indicar precisamente que o empregado trabalha apenas para o âmbito doméstico ou apenas na atividade comercial da família. Na jurisprudência, há acórdão entendendo que, se o trabalho é prestado tanto para o âmbito doméstico como para o não doméstico, é possível entender pela aplicação da regra mais benéfica ao empregado se não for admissível distinguir uma da outra, sendo o empregado regido pela CLT: "Quando o trabalhador prestar serviços ora domésticos, ora não domésticos, desnatura-se a relação de trabalho doméstico e prepondera a relação de emprego regido pela Consolidação das Leis do Trabalho, porque mais benéfica ao trabalhador, já que lhe oferece maior proteção" (ac. TRT – 8ª Região, nº 7.258/75, Rel. Juiz Rider Nogueira de Brito, in *LTr* 39/1.057).

O âmbito residencial da pessoa ou família pode ser compreendido também em relação ao sítio de recreio ou chácara, à casa de campo ou de praia, pois não deixam de ser uma extensão da residência da pessoa. Residência tem, aqui, um sentido amplo, podendo ser entendida uma residência provisória, como o sítio, a casa de campo, em que o empregador passa alguns dias do ano. Âmbito residencial quer dizer todas as propriedades residenciais do empregador, mesmo que nelas ele não fixe moradia ou domicílio de forma permanente. O fato de o empregado doméstico realizar seu trabalho fora do âmbito residencial não descaracteriza essa situação, como ocorre com o motorista, com a própria empregada doméstica que vai ao banco pagar contas do patrão ou vai à feira, ao supermercado, ao sapateiro etc. O importante não é o local em que o serviço está sendo prestado, mas se o é para o âmbito residencial.

A circunstância de o empregado doméstico prestar serviços num convento não desnatura sua situação, pois este não tem por intuito atividade lucrativa e pode ser equiparado ao ambiente doméstico. No entanto, trabalho realizado num colégio não guarda a mesma relação, justamente porque este tem por intuito atividade lucrativa.

O que vai caracterizar a existência da relação de emprego é o serviço prestado a pessoa ou família, podendo, inclusive, ocorrer entre parentes, desde que existente a subordinação. Porém, o que não pode ocorrer é ser decorrente de benevolência ou de amizade. Os serviços prestados pela mulher ao marido e pela concubina ao concubino serão provenientes da relação de emprego se houver subordinação, e não em razão da condição de vida em comum.

Se o trabalhador presta serviços a instituição assistencial, clube, associação ou outras entidades sem fins lucrativos, estará configurado o vínculo sob o regime da CLT, de acordo com o § 1º do art. 2º, não sendo considerado empregado doméstico, até porque essas entidades não são pessoas físicas ou família.

2 Sucessão de empregadores domésticos

Se o contrato de trabalho da doméstica começa com a mãe e posteriormente passa para a filha, sem que haja uma solução de continuidade do trabalho, pode-se entender que o empregador é a família, como se depreende da definição legal. O certo seria entender que existem dois contratos de trabalho, principalmente se há constituição de famílias distintas da mãe que vive, por exemplo, com o pai, e da filha que vive com seu marido e filhos. No caso, deveria haver a rescisão do primeiro contrato de trabalho, com o pagamento dos direitos trabalhistas ao obreiro doméstico. Não é o caso da aplicação dos arts. 10 e 448 da CLT, que não se observam ao doméstico (art. 7º, *a*, da CLT), até mesmo porque empregador doméstico não é empresa.

Falecendo o empregador doméstico, seus herdeiros não passarão a ser o empregador doméstico, salvo se morarem na mesma casa, quando o empregador doméstico será considerado a família. Aqui, se o doméstico presta serviços para as mesmas pessoas da família que moram na casa, mesmo com o falecimento do pai, que era o empregador, o contrato de trabalho é firmado com a família, subsistindo com os demais membros desta, persistindo o mesmo contrato de trabalho com a continuidade da prestação dos serviços. O empregador é a família, e não um de seus membros isoladamente. Do contrário, há contratos de trabalho distintos. Não existe exatamente sucessão trabalhista, mas apenas mesmo empregador.

O empregador doméstico que sai de sua residência e vende o imóvel a terceiro, que fica com sua empregada, não assume o contrato de trabalho anterior. Não é o fato de o contrato de trabalho ser celebrado na mesma residência que o caracteriza, pois, no caso, há dois empregadores domésticos diferentes.

Caso diverso seria a hipótese de o empregado comum ser dispensado por seu empregador e logo em seguida ser admitido como doméstico para desempenhar as mesmas funções de motorista que exercia anteriormente na empresa, não só levando e buscando seu patrão na empresa, mas também fazendo serviços pertinentes à empresa. No caso, há fraude, pois o empregado está perdendo certos direitos trabalhistas que o doméstico não possui, entre eles o FGTS – em caráter obrigatório. O contrato, *in casu*, será um só, regido pela CLT.

Espécies de Trabalhador Doméstico 4

É usada neste tópico a expressão *trabalhador doméstico*, pois ele tanto poderá ser empregado como não, dependendo do caso.

1 Caseiro

A chácara não deixa de ser, à primeira vista, uma extensão da residência da pessoa, como a casa de praia ou de campo. Nesse local trabalham, muitas vezes, pessoas que tomam conta do referido lugar, que são chamadas de caseiros.

Caseiro é a pessoa que toma conta da casa, principalmente quando o patrão não está no local.

Na hipótese de empregado que presta serviços para chácara, há necessidade de se verificar se esta tem finalidade lucrativa ou não, pois para ser empregado doméstico é mister que não haja atividade lucrativa. Se a chácara se destina apenas a lazer ou recreio, em que não há plantação de produtos para efeito de comercialização, o empregado será doméstico. Nesse caso, pode haver até mesmo a plantação, porém o empregador não poderá comercializá-la; poderá dar os produtos agrícolas aos vizinhos ou amigos, porém não será possível vendê-los. É o que ocorre também com a arrumadeira ou a cozinheira que prestam seus serviços apenas para o âmbito residencial da casa.

Na jurisprudência há acórdãos no mesmo sentido:

> "Empregado doméstico – Propriedade destinada ao lazer – É empregado doméstico o trabalhador em sítio destinado exclusivamente ao recreio, sem atividade econômica. Recurso provido para julgar a ação improcedente" (ac. da 3ª T. do TRT-3ª Região RO 14.955/94, Rel. Juiz Sérgio Aroeira Braga, j. 7-12-94, *Minas Gerais* II, 7-2-95, p. 54).

"Não figura como empregada rural aquela que trabalha em sítio, sem destinação comercial de sua produção, toda ela voltada para o consumo do proprietário e familiares" (ac. da 5ª T. do TRT-1ª Região, nº 2.739/85, RO 8.412/85, j. 16-12-85, Rel. Juiz Mello Porto, in *LTr* 50-8/952).

Se a chácara tem produção agropastoril que será comercializada, o empregado será rural. Mesmo na fazenda, o empregado que só cuida da residência do proprietário e não desenvolve atividade para a primeira será considerado empregado doméstico; porém, se trabalhar também para a fazenda, será empregado rural, pois esta tem natureza de atividade econômica com objetivo de lucro. São empregadas domésticas a cozinheira e a arrumadeira que prestam serviços apenas para o âmbito residencial do empregador, e não para toda a fazenda. A cozinheira que, além de prestar serviços no âmbito residencial do empregador, também faz comida para os empregados da fazenda será considerada empregada rural. O mesmo ocorre com o "peão" que, além de fazer serviços relativos à casa, também os faz em relação à fazenda, sendo considerado empregado rural, e não doméstico. Seria o caso do caseiro que trabalha na chácara que vende leite, ovos etc., que seria considerado empregado rural.

Poderia ocorrer de em uma chácara haver exploração econômica numa de suas partes e na outra não. No caso, o caseiro seria considerado empregado rural se apenas ajudasse na parte comercial da chácara, a não ser que se conseguisse demonstrar que só fazia serviços para a casa.

Para se distinguir se o caseiro é empregado doméstico ou rural, é mister verificar se a atividade do dono da casa rural tem finalidade lucrativa ou não. Em caso positivo, o empregado será rural; caso isso não ocorra, o empregado será doméstico. Na prática, muitas vezes haverá uma zona cinzenta nesses tipos de situação, sendo difícil determinar se o empregado é doméstico ou rural.

Se, porém, o empregador vende produtos de maneira eventual, esporádica, tendo isto ocorrido uma vez ou outra, não se pode dizer que haja atividade comercial, não se descaracterizando o contrato de trabalho doméstico.

Sendo vendidos uns poucos animais com a finalidade de extinção da criação ou algo assim, não se transforma a relação de doméstico em regida pela CLT.

Mesmo na jurisprudência há acórdão nesse sentido:

"Se a prova é concludente no sentido de que a pequena produção do sítio não tinha finalidade de venda, mas se consumia no âmbito familiar do proprietário, que não explora economicamente o imóvel, caracteriza-se, no caso, o sítio de recreio ou de descanso. Esta caracterização não se altera por ter ocorrido, uma ou duas vezes, a venda de alguns poucos suínos, com o fim de extinção da respectiva criação. O empregado desse sítio conceitua-se juridicamente como empregado doméstico, não sujeito ao regime do ETR ou CLT" (ac. da 2ª T. do TRT-3ª Região, nº 1.115/72, Rel. Juiz Tardieu Pereira, in *LTr* 39/906).

Não é a natureza do serviço prestado que indica a condição de doméstico, mas se a pessoa física presta serviços para o âmbito residencial da pessoa física.

Se o sítio pertence a empresa e o caseiro nele presta serviços, não se pode dizer que se trata de âmbito residencial, pois a empresa, por natureza, tem atividade lucrativa. O serviço está sendo prestado para a empresa, e não para pessoa ou família. Na jurisprudência, há acórdão no mesmo sentido: "Relação de emprego – Não configuração. *Conditio sine qua non* para a existência do vínculo doméstico é que a atividade seja prestada diretamente à pessoa natural ou à família, no âmbito residencial destas, jamais, no entanto, à pessoa jurídica. Os serviços caracterizadores do contrato de emprego doméstico não podem objetivar sequer remotamente a obtenção de lucros imediatos ou mediatos. O labor desenvolvido na manutenção e conservação de sítio de propriedade da empresa, não obstante destinado ao lazer de seus sócios, e embora destituído de fim lucrativo imediato, descaracteriza o trabalho em âmbito familiar e residencial de pessoa ou família, visto que, indiretamente, constituindo o local de trabalho patrimônio imobiliário da sociedade, sua conservação e manutenção redundam em benefício lucrativo para os próprios sócios proprietários que dele usufruem" (TRT-12ª Região, RO 2.432/89, Rel. Juíza Águeda Maria Lavorato Pereira, *DJSC* 8-3-91, p. 23).

Pouco importa o local em que o trabalho é prestado, se na área urbana ou na área rural; o que importa é se o empregador tem ou não atividade lucrativa. Se a possuir, o empregado será urbano ou rural; caso contrário, doméstico.

Observa-se, porém, que, em relação ao caseiro, a subordinação, na maior parte do tempo, é muito menor, pois não é tão contínua, nem o empregador exerce fiscalização ostensiva sobre o empregado, em razão de que muitas vezes só vai ao sítio nos finais de semana, ou deixa de ir mesmo nesses dias, por longo tempo.

O que irá caracterizar o empregado doméstico não é a natureza do serviço que presta, mas o contexto em que o faz.

Numa chácara é comum a prestação dos serviços por um casal e até pelos filhos destes. Apenas o homem é empregado e os demais ajudam-no. Se os demais nada recebem pelo serviço que prestam e não têm subordinação ao empregador, não se pode falar em vínculo de emprego doméstico ou outro qualquer.

2 Diarista

Faxineiras ou diaristas têm ajuizado várias ações na Justiça do Trabalho reivindicando direitos de empregados domésticos, mesmo comparecendo algumas vezes por semana para fazer limpeza em residências. São essas pessoas empregadas domésticas?

A posição da jurisprudência não é pacífica sobre o tema, existindo acórdãos perfilhando uma ou outra tese:

> "Doméstica – Relação de emprego. Diarista. Ainda que preste serviço em apenas alguns dias por semana, a diarista possui vínculo empregatício,

pois estão presentes os requisitos da pessoalidade, da subordinação jurídica, do trabalho no interesse do empregador e do salário. Enquadra-se como doméstica" (TRT-9ª Região, 3ª T., RO 1.998/90, Rel. Juiz Ricardo Sampaio, j. 10-4-91, m. v. no mérito, *DJPR* 24-5-91, p. 154).

Relação de emprego doméstico. Diarista é a profissional que trabalha por conta própria executando serviços de faxina ou outros junto a diferentes tomadores de serviço. É chamada de diarista por ativar-se uma vez por semana, por quinzena ou mês, conforme sua disponibilidade, e por receber o valor ajustado ao final da jornada. Trabalha apenas quando quer (TRT 2ª R., 6ª T., RO 01042200206802001, Rel. juiz Lauro Previatti, j. 25-3-2003, *DOESP* 29-4-2003, p. 178).

Há necessidade, portanto, de se verificar quais são os requisitos para diferenciar a empregada doméstica da diarista.

Na Argentina, não se consideram domésticos os trabalhadores que prestam serviços por tempo inferior a um mês, os que laborem menos de quatro horas diárias ou que trabalhem menos de quatro dias na semana, para o mesmo empregador (art. 1º do Decreto-lei nº 326, de 14-1-1956).

No Peru utiliza-se a expressão *trabalho de forma habitual e contínua*. No Chile, fala-se só em *trabalho de forma contínua*, mas acrescenta-se que precisa ser para um único patrão.

No Paraguai, estabelece o art. 148 do Código de Trabalho que trabalhadores domésticos são as pessoas de um ou outro sexo que desempenham de forma *habitual* os serviços de asseio, assistência e demais trabalhos no interior de uma casa ou outro lugar de residência ou habitação particular. Não se aplicam as disposições especiais do capítulo dos domésticos aos trabalhadores que realizam seus serviços de forma independente e com seus próprios elementos, salvo a parte relativa ao contrato de trabalho em geral (art. 150, *c*, do Código de Trabalho).

A Lei nº 44, de agosto de 1995, do Panamá estabelece que o trabalho doméstico é considerado contrato especial e exige que o serviço seja prestado de "forma habitual e contínua". O mesmo se observa no art. 258 do Código de Trabalho da República Dominicana.

Na Alemanha, é considerado trabalho doméstico, "em sentido amplo, aquele prestado à casa alheia e, em sentido estrito, o prestado por empregado admitido na comunidade familiar. Pelo primeiro, será doméstico não só o trabalhador admitido, isto é, incorporado na casa (residindo ou não), como aquele que lhe preste serviços em determinados dias da semana, contínua ou alternadamente, em horário reduzido ou integral. Na categoria destes trabalhadores aponta-se a doméstica a dia (...)".[1]

---

[1] VILHENA, Paulo Emílio Ribeiro de. *Relação de emprego*. São Paulo: Saraiva, 1975. p. 287.

Na Itália, os empregados domésticos são tratados na Lei nº 339, de 1958. Devem prestar serviços contínuos pelo menos durante quatro horas por dia. Aplica-se o Código Civil aos que trabalham jornada inferior.

A palavra *diarista* diz respeito, normalmente, ao fato de a pessoa trabalhar por dia e receber também por dia, ao final do trabalho.

Dispõe o art. 1º da Lei nº 5.859/72 que "ao empregado doméstico, assim considerado aquele que presta serviços de natureza contínua e de finalidade não lucrativa à pessoa ou à família, no âmbito residencial destas, aplica-se o disposto nesta lei".

Continuidade, segundo Aurélio Buarque de Holanda, pressupõe ausência de interrupção. Compreende o que é seguido, sucessivo (*Novo Dicionário da Língua Portuguesa*. 2. ed. Rio de Janeiro: Nova Fronteira).

A Lei nº 5.859, contudo, não fixa critério preciso para determinar o que é trabalho de natureza contínua, como menciona a lei argentina.

Paulo Emílio Ribeiro de Vilhena pondera que a permanência é requisito do contrato de trabalho, mas a continuidade constitui-se exigência mais rigorosa, aplicável apenas ao trabalho do doméstico.[2]

Não vejo a questão dessa forma. A palavra *contínua*, empregada na lei, deve ser interpretada como não episódica, não eventual, seguida, sucessiva.

A expressão não eventual não pode ser entendida apenas pelo fato de o trabalhador não se inserir nos fins normais de atividade da empresa, mas em razão de prestar serviços episódicos, uma vez ou outra para o empregador. São serviços ligados ao evento, como de consertar a instalação elétrica ou hidráulica da empresa, mas não ao fato de o trabalhador prestar serviços uma vez por semana em dia fixo.

Não há como fazer a distinção entre continuidade, prevista no art. 1º da Lei nº 5.859 para caracterizar o empregado doméstico, e não eventualidade, encontrada na definição de empregado do art. 3º da CLT. Octávio Bueno Magano entende que um dos requisitos do contrato de trabalho é a continuidade,[3] sendo esse pacto um contrato de trato sucessivo, de duração.[4] Afirma Plá Rodriguez, quanto aos domésticos, que "os serviços podem ser prestados em forma contínua e ininterrupta ou em forma periódica; uma vez por semana, três vezes por semana, uma vez a cada 15 dias etc.",[5] não afetando a caracterização do trabalhador doméstico.

Na verdade, as palavras *continuidade* e *não eventualidade* são sinônimas.

---

[2] VILHENA, Paulo Emílio Ribeiro de. *Relação de emprego*, p. 288.

[3] MAGANO, Octávio Bueno. *Manual de direito do trabalho*: direito individual do trabalho. 3. ed. São Paulo: LTr, 1992, v. 2, p. 49.

[4] MAGANO, Octávio Bueno. *Manual...*, p. 49-50.

[5] PLÁ RODRIGUEZ, Américo. *Curso de derecho laboral*. Montevidéu, 1978, p. 105.

A continuidade mostra algo que é sucessivo, mas não precisa ser diário.

A lei não usa a expressão *trabalho cotidiano* ou diário, o que mostra que o trabalho prestado pode não ser diário, mas em alguns dias da semana, implicando ser periódico, seguido, sucessivo.

A utilização da palavra *continuidade* mostra acepção mais moderna de um dos requisitos do contrato de trabalho. Conceituar pela negativa é errado, ao se usar a expressão não eventual. A Lei nº 5.859/72 é mais moderna do que o art. 3º da CLT, que é datada de 1943.

Não existe eventualidade na prestação de serviços de uma faxineira que vai toda semana, por longos anos, à residência da família, sempre nos mesmos dias da semana. Pelo contrário, há continuidade na prestação de serviços que são realizados no interesse do empregador, pois as atividades de limpeza e lavagem de roupas são necessidades normais e permanentes do empregador doméstico.

O fato de a diarista prestar serviços uma vez por semana não quer dizer que não exista relação de emprego. O advogado que presta serviços em sindicato, sob o sistema de plantões, às terças-feiras, das 8 às 10 horas, atendendo exclusivamente aos interesses da agremiação, é considerado empregado, e não autônomo. O médico que trabalha no hospital quatro horas por dia, das 8 às 12 horas, é empregado regido pela CLT e normalmente não se discute a questão. O importante, no caso, é a faxineira ter obrigação de comparecer sempre em determinado dia da semana, *v. g.*, segunda-feira, a partir das 8 horas até as 16 horas, ficando evidenciada a subordinação pela existência de imposição patronal quanto ao dia e horário de trabalho.

Então por que a trabalhadora que presta serviços uma ou duas vezes por semana, com horário a observar, não pode ser empregada doméstica?

Não existe previsão legal no sentido de que não é empregada doméstica quem trabalha uma vez por semana ou duas e, ao contrário, é doméstica somente quem trabalha a partir de três vezes por semana.

Há acórdãos no mesmo sentido:

> Reconhecimento de vínculo empregatício – diarista – trabalho semanal prestado ao longo de vinte e sete anos para a mesma empregadora contemplando todas as suas necessidades básicas cotidianas do serviço doméstico. A reclamada não conseguiu demonstrar a existência de pressupostos válidos contidos no art. 896 da CLT, visto que, *in casu*, não restou demonstrada afronta ao art. 3º da CLT e nem ao art. 1º da Lei nº 5.859/1972, porquanto consignou o Regional que a continuidade da prestação de trabalho não quer dizer ininterruptividade, pois trabalhar um dia por semana, em todas as semanas do ano, durante 27 anos e contemplando suas necessidades básicas e cotidianas do serviço doméstico é, sem dúvida, prova de continuidade. Ademais, no Dicionário Aurélio, o vocabulário "contínuo"

significa seguido, sucessivo. Melhor dizendo, não há necessidade de que o labor ocorra todos os dias da semana, e, sim, de que, na forma contratada pelas partes, seja habitual, conforme o caso dos autos. Recurso não conhecido (TST, RR 18756/2003-002-09-00.0. 2ª T., Rel. Min. José Simpliciano Fontes de F. Fernandes, *DJ* 30-5-2008).

Diarista. Caracterização.

A Lei nº 5.859 não dispõe quantas vezes por semana a trabalhadora deve prestar serviços ao empregador para ser considerada empregada doméstica. Não existe previsão na lei no sentido de quem trabalha duas vezes por semana não é empregado doméstico. Um médico que trabalha uma vez por semana no hospital, com horário, é empregado do hospital. O advogado que presta serviços num dia fixo no sindicato e tem horário para trabalhar é empregado. A continuidade do contrato de trabalho restou demonstrada, diante do fato de que a autora trabalhava duas vezes por semana. O trabalho da reclamante era feito toda semana, duas vezes e não uma vez ou outra. Isso caracteriza a habitualidade semanal e não que o trabalho era feito ocasionalmente. Vínculo de emprego mantido (TRT 2ª R., 2ª T., Proc. nº 20050674034 (00367.2005.261.02.00-1), Rel. Sergio Pinto Martins).

"Trabalho doméstico contínuo duas vezes por semana durante dois anos ininterruptos. Relação de emprego. Configura-se a relação empregatícia o trabalho doméstico prestado, ainda que duas vezes por semana, de forma contínua durante dois anos ininterruptos, sendo a contraprestação salarial proporcional aos dias trabalhados" (TRT da 3ª R., 4ª T., RO 0490/92, Rel. Juiz Nereu Nunes Pereira, *DJMG* 20-3-93, Síntese Trabalhista nº 47/83).

"Trabalho doméstico uma vez por semana – Relação empregatícia. O trabalho doméstico prestado, ainda que uma única vez por semana, de forma contínua, durante considerável lapso temporal, caracteriza a relação de emprego, estando presentes os demais requisitos da pessoalidade, onerosidade, exclusividade e subordinação" (TRT-10ª Região, 3ª T., RO 5.214/93, Rel. Juíza Maria de Assis Calsing, j. 17-3-94, *DJU* 15-4-94, p. 3894).

"Configura-se a relação empregatícia o trabalho doméstico prestado, ainda que duas vezes por semana, de forma contínua, durante dois anos ininterruptos, sendo a contraprestação salarial proporcional aos dias trabalhados" (TR 3ª R., 4ª T., RO 4.920/92, Ac., j. 2-2-93, Rel. Juiz Pedro Lopes Martins, in *LTr* 58-04/437).

O TST, porém, já julgou que:

Empregado doméstico, segundo definição do art. 1º da Lei nº 5.859/72, é aquele que presta serviços de natureza contínua, para pessoa ou família, no âmbito residencial destas. Depreende-se do texto legal, pois, que uma das exigências é o desempenho do labor de forma contínua. Trata-se de imposição rigorosa que, uma vez não caracterizada, afasta a condição do trabalhador de empregado doméstico (TST, 3ª T., RR 394603/1997, juíza convocada Deoclécia Amorelli Dias, *DJU* 2-2-2001, p. 634, conforme Carrion, Valentin, Nova Jurisprudência Trabalhista. São Paulo: Saraiva, 2001, 2º semestre, p. 148, nº 748).

Em outros acórdãos entendeu-se que não havia vínculo de emprego, por não estar caracterizada a continuidade (2ª T., RR 435469/1998, j. 27-6-2001, Rel. Min. Vantuil Abdala, *DJU* 24-8-2001, p. 809; 4ª T., RR 548762/1999, j. 25-6-2002, Rel. Juiz Alberto Bresciani Pereira, *DJU* 2-8-2002; 5ª T., RR 533739/1999, j. 20-3-2002, Rel. Min. João Batista Brito Pereira, *DJU* 12-4-2002).

A faxineira será, porém, considerada trabalhadora autônoma se, por acaso, escolher os dias da semana em que pretende trabalhar, mudando-os constantemente, de modo a casar o horário das outras residências onde trabalhe, mas sempre sob sua orientação e determinação própria. Nesse caso, ela trabalha por conta própria, explora economicamente, em proveito próprio, a força de trabalho.

Em situação semelhante já julguei:

> Relação doméstica. Estabelecimento dos dias trabalhados. A reclamante declarou em depoimento pessoal que trabalhava no réu às segundas, quartas e quintas. Nos demais dias trabalhava na Igreja. Se a depoente não pudesse trabalhar nos dias mencionados, poderia escolher outro dia da semana para comparecer no reclamado. A reclamante escolhia os dias trabalhados caso não pudesse comparecer. Tinha outras atividades, como ser zeladora da Igreja e vender salgados. Isso demonstra a autonomia no trabalho da reclamante, pois não foi provada a existência de subordinação, tanto que quem determinava os dias trabalhados era a autora, de acordo com sua disponibilidade. Vínculo não reconhecido (TRT 2ª R., 3ª T., RO 01495200301702006, Ac. 20030693386, Rel. Sergio Pinto Martins, *DOESP* 13-1-2004).

Será a prestadora de serviços considerada trabalhadora autônoma desde que preste serviços de natureza não contínua a pessoa ou família, para o âmbito residencial destas, sem fins lucrativos (art. 9º, § 15, VI, do Regulamento da Previdência Social). Todavia, a legislação previdenciária faz referência a prestação de serviços de natureza não contínua, isto é, eventual. São exemplos de trabalhador autônomo doméstico: a faxineira que vai esporadicamente à residência da pessoa ou família, o jardineiro etc. É o caso da faxineira que presta serviços no imóvel de campo ou de praia uma vez por mês, em que a trabalhadora escolhe o dia do trabalho e presta serviços no horário que deseja. Apenas não pode fazer o serviço em feriados prolongados ou em fins de semana, quando os proprietários estão no local.

Ao contrário, não se pode dizer que seja doméstica ou empregada a faxineira que faz limpeza em vários escritórios ao mesmo tempo, por exemplo, aos sábados, sem qualquer horário ou ordem na limpeza daqueles, começando por qualquer um, conforme o desejar, muitas vezes até não comparecendo para fazer o serviço, a seu bel-prazer.

Se a diarista não tem dia certo para trabalhar, ou é chamada para auxiliar em dias de festa ou efetuar faxina extraordinária na residência, ou, ainda, esporadicamente, para tomar conta dos filhos do casal, não há relação de emprego, pela falta de requisito continuidade. Seguindo essa orientação, há os seguintes acórdãos:

"Faxineira – Vínculo empregatício – A faxineira que presta serviços semanalmente em casa de família não tem vínculo de emprego, por não preencher, na espécie, todas as condições necessárias à sua caracterização. Recurso de Revista de que se conhece e a que se dá provimento" (TST, 5ª T., RR 506818/98.7, 5ª R., Rel. Min. João Batista de Brito Pereira, *DJU* 14-2-03, p. 680).

"Empregada doméstica – Lavadeira. A lavadeira que presta serviços em residência particular uma vez por semana, com liberdade para prestar serviços em outras residências e até para a escolha do dia e do horário de trabalho, não é empregada doméstica para efeito de aplicação da Lei nº 5.859/72, mas prestadora autônoma de serviços" (TRT-3ª Região, 1ª T., RO 1.101/89, Rel. Juiz Manoel Mendes de Freitas, j. 13-11-89, *Minas Gerais II*, 1º-12-89 p. 66).

"Não se considera empregada doméstica, para os fins do art. 1º da Lei nº 5.859/72, aquela que realiza trabalhos em alguns dias da semana, para várias pessoas, sem a obrigatoriedade de comparecimento contínuo e horário predeterminado" (TRT-11ª Região, nº 216/91, RO 415/90, Rel. Juiz Othílio Francisco Tino, j. 5-3-91, *LTr* 55-09/1.099).

"Faxineira que trabalha como diarista, em residência particular, duas vezes por semana, com liberdade para prestar serviços em outras residências e até para a escolha do dia e horário do trabalho, não se constitui empregada doméstica para efeito de aplicação da Lei nº 5.859/72, mas prestadora autônoma de serviço. Ausência dos requisitos da não eventualidade e da subordinação, qual este último seja o principal elemento caracterizador da relação de emprego. Manutenção da decisão de 1º Grau que se impõe" (TRT 4ª R., 2ª T., RO 930195191, j. 28-10-94, Rel. Juiz Carlos Affonso Carvalho de Fraga, *LTr* 59-05/684).

Outros aspectos do contrato de trabalho devem ser analisados no que diz respeito à diarista.

O contrato de trabalho do empregado comum, assim como do doméstico, não tem por requisito a exclusividade. O empregado pode prestar serviços a outras pessoas. Lembra Russomano que "nada impede que o empregado, durante a vigência de seu contrato de trabalho para com determinada empresa, tenha negócios particulares ou que contrate seus serviços a outros empregadores, simultaneamente. Não há nada em nossa legislação que obrigue o trabalhador a prestar serviços apenas a um empregador."[6] Analisando sistematicamente a CLT, chegaremos à mesma conclusão. O art. 138, ao tratar de férias, menciona que o empregado "não poderá prestar serviços a outro empregador, salvo se estiver obrigado a fazê-lo em virtude de contrato de trabalho regularmente mantido com aquele". O art. 414, versando sobre o trabalho do menor, reza que se "o menor de 18 anos for empregado em mais de um estabelecimento, as horas de trabalho em cada um serão totalizadas".

Assim, não há óbice legal para que o doméstico tenha mais de um emprego, ou trabalhe em mais de uma residência, desde que exista compatibilidade de horários de trabalho.

O contrato de trabalho do empregado doméstico também é *intuitu personae*, ou seja, tem como requisito a pessoalidade na prestação de serviços. Se a doméstica se faz substituir constantemente por filha ou outra pessoa, deixa de existir a relação de emprego, pois a pessoalidade é traço necessário da relação de emprego, inclusive para o empregado doméstico.

É indiferente se o trabalho da diarista não é realizado em tempo integral, mas em determinado número de horas diárias ou semanais, porque o importante é a continuidade na prestação dos serviços.

O fato de a faxineira receber por dia, por semana ou quinzena não desnatura sua condição de empregada doméstica. O § 1º do art. 459 da CLT, de acordo com a redação determinada pela Lei nº 7.855, embora não seja aplicável ao doméstico (art. 7º da CLT), prevê apenas pagamento salarial por mês, mas não veda outros períodos para pagamento de salário. Qualquer empregada pode ser horista, diarista ou mensalista. Isso é forma de cálculo do salário.

Muitas vezes, quem fixa a remuneração é a diarista. Ela só trabalha por R$ 80,00 por dia. Do contrário, não trabalha. Isso pode indicar que tem autonomia e não subordinação e que assume riscos da sua atividade econômica, tanto é assim que ganha mais do que a empregada doméstica que recebe por mês. Seu serviço é mais caro, pois não trabalha o mês inteiro, mas por dia.

Pagar 13º salário e férias por muito tempo a diarista pode mostrar que a intenção das partes era a existência de relação de emprego.

Não existe regra infalível ou fórmula matemática para se dizer se a diarista é ou não doméstica pelo fato de prestar serviços em alguns dias da semana. Cada caso concreto terá de ser examinado de acordo com as circunstâncias a ele inerentes.

---

[6] RUSSOMANO, Mozart Victor. *Comentários à CLT*. 13. ed. Rio de Janeiro: Forense, 1990, v. 1, p. 560.

A subordinação será um dos elementos que irão diferenciar o trabalhador doméstico autônomo do empregado doméstico, como se tem horário certo para trabalhar, como das 8 às 17 horas.

Se o serviço da faxina é feito em escritório de advocacia ou para empresa, estando presentes os requisitos legais, ficará configurado o vínculo de emprego celetista e não doméstico.

Sendo a pessoa contratada por empresa intermediadora de mão de obra para prestar serviços no âmbito residencial de uma pessoa, o vínculo não é doméstico, mas urbano. A trabalhadora poderá ser empregada da empresa intermediadora, mas não empregada doméstica.

Se a trabalhadora presta serviços contínuos a pessoa ou família, passando posteriormente a laborar para a empresa de seu patrão, pode deixar de ser doméstica para ser empregada regida pela CLT.

3 Vigia de rua

Duas denominações poderiam ser empregadas: *vigia* ou *vigilante*.

A denominação *vigia* é a mais correta, pois o termo *vigilante* refere-se apenas a trabalhadores contratados por empresas especializadas de vigilância e transporte de valores ou por estabelecimento financeiro, como se depreende dos arts. 3º e 15 da Lei nº 7.102, de 20-6-1983. O próprio art. 15 da referida norma é expresso no sentido de que vigilante é o empregado contratado para a execução das atividades das empresas de vigilância ou de instituições financeiras. Não é o caso do trabalhador ora em estudo.

O termo *guarda* pode confundir-se com *policial*, funcionário do Estado, pois a pessoa que presta serviços a particulares não é policial. Também se verifica em alguns acórdãos o uso da expressão *guardião*. Guardião é uma espécie de guarda-costas ou então oficial inferior na Marinha de Guerra e que dirige os trabalhos dos praças nas manobras.

Na prática, muitas vezes, esses trabalhadores são chamados de *guardas-noturnos*, que seria o encarregado de vigilância urbana, no período noturno. Entretanto, hoje já se verifica que tais pessoas também prestam serviços durante o dia, não podendo, portanto, ser chamados de guardas-noturnos.

Assim, preferível a palavra *vigia*.

Suponha que o vigia de residências particulares de duas ruas postule direitos trabalhistas, entendendo ter existido entre as partes um contrato de trabalho.

No exemplo mencionado, não há prova de que o reclamante foi contratado por qualquer dos moradores, de que era obrigado a cumprir determinado horário de trabalho, de que tivesse subordinação a um ou a outro usuário do serviço, ou àquele que recolhia o rateio dos demais beneficiários da vigilância. No entanto, a prestação de serviços é habitual, com o pagamento de uma importância mensal, pelos moradores das residências vigiadas, individualmente a título de remuneração. É o que ocorre na maioria dos casos.

Um elemento da relação de emprego que pode não se vislumbrar no caso vertente – requisito, esse, essencial à configuração do contrato de trabalho – é a prestação pessoal dos serviços. O empregador deve contar com específica e determinada pessoa como empregado. Se este é substituído constantemente por outro trabalhador, não existe o pacto laboral. Contudo, não há nenhum problema se a substituição por outra pessoa é feita com consentimento do empregador (Albuquerque, 1976:46), desde que haja eventualidade na referida substituição. Quando a permuta de pessoas se torna regra, não ocorre relação de emprego. Assumindo, ainda, o trabalhador os riscos de sua atividade, também não existe o contrato de trabalho, pois a prestação de serviços deve ser por conta alheia, e não por conta própria.

Normalmente, os guardas particulares contratados por moradores para vigilância na rua não têm qualquer constância na prestação dos serviços (habitualidade). Muitas vezes, trabalham por algumas semanas e ficam sem aparecer por outras, revezando-se com seus colegas no trabalho, ou, ainda, vigiam várias ruas do mesmo bairro, que são vias distantes umas das outras. Quando não têm interesse em continuar laborando naquela região, indicam simplesmente outra pessoa, que passa a fazer a vigilância no local. Em tais casos, portanto, inexiste contrato de trabalho.

Por outro lado, estando configurada a relação de emprego (em que é necessário: subordinação ao empregador, continuidade e pessoalidade na prestação de serviços e pagamento de salários), o guarda não será considerado empregado regido pelas disposições da CLT, mas empregado doméstico, sujeito aos ditames da Lei nº 5.859/72. Nessa hipótese, o vigia presta serviços a pessoa ou família, que não tem atividade lucrativa, para o âmbito residencial destas. Os destinatários do trabalho não exploram atividade econômica, daí por que o empregado ser doméstico.

Para ser doméstico não importa que, *v. g.*, o guarda não resida em qualquer das residências vigiadas. Na verdade, o que interessa é a continuidade e a subordinação na prestação do trabalho. Mesmo o motorista que faz serviços externos para uma residência, ou a babá que também vai ao banco pagar contas da patroa, faz compras na feira e no supermercado, leva e traz sapatos para conserto no sapateiro, também são considerados empregados domésticos. Assim, o vigia, mesmo não prestando serviços dentro das residências dos moradores beneficiados por seu mister, será considerado empregado doméstico.

O fato de o vigia receber seus vencimentos de uma só pessoa, que arrecada os valores dos demais moradores, implica formação de uma sociedade de fato por parte destes, equiparável ao condomínio predial de apartamentos, ou até mesmo se assemelharia a um "contrato de equipe" (*lato sensu*) de empregadores. O TRT da 2ª Região já decidiu que "o guarda contratado por moradores para vigilância de rua é doméstico, sendo empregado da sociedade de fato assim formada pelas famílias que pretendem segurança particular" (6ª T., RO 8.833-9, Rel. Juiz José Serson, *DJSP* 10-9-87, p. 61). "Vigia residencial – É doméstico o vigia residencial cuja prestação de serviço beneficia a um grupo de famílias, no espaço residencial destas, sem finalidade lucrativa" (ac. da 3ª T. do TRT da 3ª R., RO 08081/96, Rel. Juiz Roberto Marcos Calvo, j. 18-11-96, *DJMG*, 7-12-96, p. 13).

Em nada descaracteriza a relação empregatícia a hipótese de o guarda estabelecer sua remuneração, pois o contrato de trabalho é um ajuste bilateral, e a fixação do salário pode ser consentida tacitamente pelo empregador. Até o empregado altamente qualificado (*v. g.*, executivo) estipula seu próprio salário; caso o empregador não acorde com tal importância, não trabalha naquele local.

Demonstrados, então, a habitualidade, a subordinação, o pagamento de salário e a pessoalidade na prestação de serviços do vigia aos moradores de certo logradouro público, estará evidenciado o contrato de trabalho de empregado doméstico.

Não se pode equiparar a sociedade de fato dos moradores a condomínio de prédios, de modo a tentar justificar a relação de emprego como empregado urbano. Nesse caso, não se aplica a Lei nº 2.757, de 23-4-1956, que trata dos empregados em condomínios e afirma que tais pessoas não são domésticos, mas regidos pela CLT, justamente porque não se verifica a existência de apartamentos residenciais, como menciona o art. 1º da referida lei, nem a pessoa está a serviço do edifício, que inexiste, mas de cada condômino em particular. Da mesma forma, a referida lei menciona que os empregados sujeitos à CLT são os zeladores, faxineiras e serventes de prédios residenciais, não mencionando o vigia de rua, que não faz parte do condomínio. Outra situação, porém, pode ocorrer se entre os moradores existir uma firma comercial locatária dos serviços, pois, aí, não estará a pessoa ou família recebendo prestação de serviços do empregado, mas uma empresa, que tem por finalidade lucro, podendo, dependendo do caso, configurar-se o contrato de trabalho de empregado urbano, e não doméstico. Um dos meios de se verificar se o contrato de trabalho é regido pela CLT ou é doméstico seria constatar a preponderância das pessoas que recebem a prestação dos serviços.

O vigia ou porteiro de prédio de apartamentos não será considerado doméstico, mas empregado sujeito à CLT, nos termos do art. 1º da Lei nº 2.757/56. O vigia de condomínio de escritórios ou consultórios também será considerado empregado comum, pois, apesar de não ser de prédio de apartamentos residenciais, as pessoas pertencentes ao condomínio comercial têm atividade lucrativa.

Se o vigia presta serviços apenas tomando conta de uma casa, em seu jardim ou em guarita, será considerado empregado doméstico, por estar ausente a finalidade de lucro do empregador.

O segurança pessoal da família, que acompanha vários de seus membros para certos locais, é empregado doméstico. Não importa que o serviço seja prestado fora do âmbito residencial, mas que o resultado seja para o âmbito residencial.

4 Motorista

A situação do motorista é muito casuística e vai depender de várias hipóteses para se configurar ou não a condição de empregado doméstico. Na legislação argentina, o motorista não é considerado empregado doméstico (art. 2º do Decreto--lei nº 326/56).

Para que o motorista seja considerado empregado doméstico, é preciso que preste serviços à pessoa ou à família que não tenham por intuito atividade lucrativa e para o âmbito residencial destas.

Se o motorista doméstico faz entregas para a empresa de seu patrão, não será considerado empregado doméstico, mas empregado sujeito às regras da CLT. Da mesma forma, se o motorista faz serviços que são relacionados com a profissão de seu empregador, também não se estará diante de trabalho doméstico, mas de contrato de trabalho regido pela CLT.

O serviço do motorista consistirá em levar o empregador ao local de trabalho e daí trazê-lo, levar sua mulher às compras ou ao cabeleireiro e daí trazê-la, ou fazer outras atividades relacionadas com a casa, como ir ao supermercado etc., levar os filhos até o colégio, à aula de inglês etc.

Não se desnaturará a condição de empregado doméstico pelo fato de o motorista levar seu patrão até os clientes deste último, pois a atividade do empregado ainda será desenvolvida para o âmbito residencial, desde que não seja diretamente relacionada com a empresa.

De outro lado, se o motorista prestar serviços à empresa de seu empregador, sendo até mesmo por ela remunerado, será considerado empregado regido pela CLT. Da mesma forma, se o motorista levar o médico a atender seus pacientes, não estará configurada a relação doméstica, pois seu patrão, na condição de médico, tem por intuito atividade lucrativa.

Para se distinguir efetivamente se o motorista é doméstico ou não, deve-se verificar para quem os serviços são efetivamente prestados: para o empregador doméstico ou para a empresa de seu patrão. Não será considerado empregado doméstico aquele que presta serviços para a pessoa jurídica, mas só aquele que o faz para pessoa física, para seu âmbito residencial, não tendo esta finalidade lucrativa.

5 Enfermeira doméstica

Se a enfermeira trabalha apenas no âmbito residencial, cuidando de uma pessoa que está doente, será considerada doméstica. O que importa aqui é que essa pessoa não tem atividade lucrativa e está recebendo os serviços da trabalhadora. Logo, é considerada a enfermeira empregada doméstica.

Na Argentina, a enfermeira não é considerada empregada doméstica, por expressa exclusão do art. 2º do Decreto nº 12.647.

Na legislação portuguesa é considerado doméstico a pessoa que cuida de idosos (Decreto-lei nº 235/92). O mesmo ocorre na legislação paraguaia, que considera doméstico o trabalhador que cuida de enfermos, idosos e minorados (art. 148 do Código de Trabalho).

6 Serviços de construção

Discute-se a relação de emprego entre o dono da obra, que está construindo ou reformando sua residência, e o pedreiro ou outra pessoa que lhe presta serviços de construção.

No Direito Civil, distinguem-se a empreitada (*locatio operis*), em que se contrata uma obra, determinado resultado – a realização de certa obra – e a locação de serviços (*locatio operarum*), em que prepondera a própria força de trabalho, não se contratando determinada obra, mas a atividade da pessoa, por exemplo: a do advogado, do contador etc. O contrato de trabalho distancia-se da locação de serviços em razão da subordinação existente entre empregador e empregado, ao passo que na locação de serviços há autonomia do prestador dos serviços, que não é subordinado ao locatário dos serviços.

No meu entender, inexiste relação de emprego entre o dono da obra e o prestador de serviços. Não se pode considerar o dono da obra como empregador (art. 2º da CLT), pois não assume os riscos da atividade econômica, nem tem intuito de lucro na construção ou reforma de sua residência. O aumento de patrimônio, em razão da construção realizada, não pode ser considerado risco da atividade econômica, nem se enquadra o dono da obra no conceito de empresa. Esta, do ponto de vista econômico, é a atividade organizada para a produção de bens e serviços para o mercado, com fito de lucro.

No caso, não estão sendo produzidos bens para o mercado com intuito lucrativo, pois o dono da obra não exerce atividade de construção civil. A necessidade de moradia não implica assumir riscos de atividade econômica, visto que inexiste lei que determine a imprescindibilidade de se construir uma residência por intermédio de construtora. É plenamente lícito contratar-se um empreiteiro para a construção ou reforma da casa própria.

Não há equiparação do dono da obra com os profissionais liberais, instituições de beneficência, associações recreativas ou outras instituições sem fins lucrativos (§ 1º do art. 2º da CLT), eis que não se assemelha a tais pessoas.

O contrato entre o dono da obra e o prestador de serviços não é relativo ao emprego doméstico. Na verdade, o empreiteiro não é subordinado, pois assume os riscos de sua própria atividade, pode ter mais de uma obra em andamento, como pode ter várias pessoas que o auxiliem na prestação dos serviços, além de os serviços prestados muitas vezes não serem contínuos, nem para o âmbito residencial.

Também não se pode falar em contrato de trabalho por prazo determinado para a construção da obra, porque os elementos subordinação e assunção dos riscos da atividade econômica estão ausentes.

Ocorre entre as partes uma pequena empreitada e não contrato de trabalho.

No TST, há acórdão entendendo pela inexistência de relação de emprego: "O dono da obra não pode ser considerado empregador porque não exerce, na construção, atividade econômica, sendo que na hipótese do § 1º do art. 2º da CLT não existe alusão ao mesmo – Revista conhecida e provida para julgar o reclamante carecedor da ação proposta" (TST, 1ª T., proc. RR 4.672/84, Rel. Min. Fernando Franco, *DJU* 106/85).

Se o dono da obra é uma construtora, que tem intuito de comercializar a moradia, ou se é uma imobiliária, que tem interesse em vendê-la ou alugá-la, aí, sim, pode haver a relação de emprego com o prestador de serviços, pois tanto uma como outra exercem atividade econômica, assumindo os riscos do empreendimento, desde que, naturalmente, também haja subordinação.

Ao contrário, se se entender que há vínculo de emprego, que não é o que penso, este só pode ser o relativo ao contrato de trabalho doméstico, pois não há atividade lucrativa desenvolvida pelo empregador.

Vigência da Alínea *A* do Art. 7º da CLT e Aplicabilidade de Outras Normas Legais

5

1 Art. 7º, *a*, da CLT

Reza o art. 7º da CLT que suas disposições não se aplicam ao empregado doméstico (alínea *a*). O próprio art. 2º do Decreto nº 71.885/73 afirma que, "excetuando o capítulo referente a férias, não se aplicam aos empregados domésticos as demais disposições da CLT".

Há argumentos de que o dispositivo consolidado teria sido revogado pela Constituição de 1988, que previu vários direitos do empregado doméstico, inclusive alguns que não possuía antes da vigência daquela norma. A alínea *a* do art. 7º da CLT não foi revogada pela Lei Maior continua a não ser aplicada ao doméstico, salvo havendo previsão em sentido contrário; além disso, nem todos os direitos previstos na Constituição foram outorgados aos domésticos. Entretanto, se certo direito foi assegurado na Constituição ao empregado doméstico e sua previsão está determinada na CLT, esta será aplicável, como no caso de aviso-prévio; caso contrário, o instituto não tem como ser observado, por falta de regra própria sobre o tema. Irei tratar mais pormenorizadamente do assunto nos capítulos próprios, aos quais remeto o leitor.

Como o parágrafo único do art. 7º da Constituição não estendeu todos os direitos do artigo ao doméstico, não se pode aplicar por analogia a CLT, quando a alínea *a* do art. 7º da CLT dispõe que esta não se aplica ao doméstico.

Parece, contudo, que a alínea *a* do art. 7º da CLT se refere à parte da norma consolidada que trata do direito material do trabalho, e não à parte de direito processual do trabalho, pois, não fosse assim, não haveria como aplicar as regras processuais da CLT num processo trabalhista de empregado doméstico.

2 Lei nº 5.889/73

A Lei nº 5.889, de 8-6-1973, revogou o Estatuto do Trabalho Rural (Lei nº 4.214/63), conforme seu art. 21. Não repetiu o preceito da Lei nº 4.214 (art. 8º) no sentido de que tal regra não se aplica ao empregado doméstico. José Alberto Couto Maciel assevera que: "no nosso entendimento, porém, o fato de a Lei nº 5.889 não mencionar a aplicação da Lei nº 5.859 aos domésticos rurais vem demonstrar que os mesmos estão abrangidos pelos dispositivos legais concedidos por aquele texto legal. Especialmente porque não foram os domésticos expressamente excluídos da aplicação da lei especial que concede direitos aos rurais" (1973:48). A situação, porém, não é bem essa.

A Lei nº 5.889/73 estabeleceu que o empregador rural é a pessoa que explora atividade agroeconômica (art. 3º), o que pressupõe atividade com finalidade de lucro. Por natureza, o empregador doméstico não tem atividade lucrativa. Logo, não pode o empregado doméstico que presta serviços na área rural ser regido pela Lei nº 5.889/73, mas apenas pela Lei nº 5.859, ainda que a primeira não exclua de suas disposições o empregado doméstico, como o fazia a Lei nº 4.214/63.

Contrato de Trabalho do Empregado Doméstico   6

O vínculo que se forma entre o empregador doméstico e seu empregado é um contrato de trabalho, pois a prestação de serviços é onerosa, mediante subordinação, por conta alheia, com pessoalidade e continuidade. O objeto da relação obrigacional diz respeito à execução dos serviços em proveito de outrem mediante a contraprestação salarial. Evaristo de Moraes Filho entende que o contrato de trabalho do doméstico é um contrato especial, em razão da finalidade do serviço prestado ("Do trabalho doméstico e sua regulamentação", *LTr* 38/18). Não deixa, portanto, o contrato de trabalho do empregado doméstico de ser um contrato especial, dada a peculiaridade da relação entre empregado e empregador, que é realizada na residência deste. Entretanto, é um contrato de natureza trabalhista.

Tem o contrato de trabalho doméstico uma fidúcia especial, pois o doméstico trabalha no domicílio do empregador. Muitas vezes, confunde-se com o membro da família, principalmente quando reside no local da prestação dos serviços.

Além dos requisitos anteriormente mencionados, outros dois devem ser observados para efeito da configuração do vínculo de emprego: (a) o empregador não pode desenvolver atividade lucrativa; (b) os serviços devem ser prestados para o âmbito residencial da pessoa ou família.

O contrato não precisa ser feito por escrito, podendo ser celebrado verbalmente, como qualquer contrato. Pode ser celebrado tacitamente, se não houve qualquer oposição à prestação dos serviços.

Quanto ao prazo, o contrato de trabalho pode ser por tempo determinado ou indeterminado. A CLT, porém, não se aplica ao doméstico (art. 7º, *a*, da CLT), não sendo observados o contrato por prazo certo ou o de experiência. Não há previsão na Lei nº 5.859/72 da observância da CLT quanto ao pacto laboral de experiência ou de prazo determinado, razão pela qual o contrato será por tempo indeterminado. A alínea *b* do § 2º do art. 443 da CLT não se aplica ao doméstico, em razão de que o empregador doméstico não tem atividade empresarial de caráter transitório. Determina o art. 598 do Código Civil que a prestação de serviços não poderá ser convencionada por mais de quatro anos. A prática mostra, contudo, que certos empregados trabalham muito mais de quatro anos, não sendo por isso que o contrato é rescindido.

A experiência até seria necessária para verificar se o doméstico sabe fazer o serviço, se se adapta à casa etc. Caso fosse possível o contrato de experiência para o doméstico, não haveria limite de prazo, podendo o pacto ser celebrado por cinco anos, o que evidentemente não é o intuito do Direito do Trabalho, de proteger relação tão longa, pois o empregado serve para o serviço ou não, o que é possível verificar no período de 90 dias descrito pela CLT.

Assim, o contrato de trabalho do empregado doméstico só poderá ser celebrado por prazo indeterminado, não sendo possível ser feito contrato por prazo determinado, nem de experiência, por falta de previsão legal.

O acórdão a seguir admite o contrato de experiência para o doméstico:

> Empregada doméstica – Contrato de experiência – Validade. Consoante a previsão do parágrafo único do art. 7º da Constituição Federal, vários direitos sociais foram estendidos aos empregados domésticos, entre eles o aviso-prévio, instituto este que atinge tanto o empregado doméstico quanto o empregador, o que viabiliza as situações previstas nos arts. 482 e 483 da CLT. Logo, cabível o contrato, a título de experiência, para o doméstico. Se a Lei nº 5.859/72 e seu decreto regulamentador não proíbem a adoção desse tipo de contrato, não cabe ao intérprete fazer qualquer distinção. Recurso a que se dá provimento para imprimir validade ao contrato de experiência e julgar improcedente a ação (Ac. da 6ª T. do TRT da 2ª R., RO 02980437373, j. 14-9-99, Rel. Juiz Fernando Antonio Sampaio da Silva, *DO* SP 5-10-99, p. 56).

Inexiste proibição do contrato de trabalho doméstico entre parentes, ao contrário do que ocorre na Argentina; nem mesmo de qualquer outro contrato de trabalho. Assim, pode-se entender que aquilo que não é proibido é permitido. Entretanto, não se poderia considerar como de empregada doméstica o serviço prestado pela esposa ao marido, pois inexiste subordinação nesse caso, mas colaboração entre os cônjuges. Se existir o elemento subordinação entre as partes, haverá contrato de trabalho doméstico; porém, se a relação for meramente afetiva ou apenas decorrente do parentesco, não se poderá falar em vínculo de emprego doméstico.

O empregado deverá ter pelo menos 16 anos para poder trabalhar. É a previsão do inciso XXXIII do art. 7º da Constituição. Antes dos 16 anos o empregado não poderá trabalhar. Caso preste serviços a empregador, será considerado empregado, tendo todos os direitos trabalhistas dessa categoria, pois a nulidade não pode ser observada em prejuízo do próprio empregado. Entretanto, o parágrafo único do artigo 7º da Lei Maior não determina a observância do inciso XXXIII do mesmo artigo. Isso significa que do empregado doméstico não se exige idade mínima para o trabalho, podendo trabalhar a partir de qualquer idade.

Para a admissão do empregado doméstico, o art. 2º da Lei nº 5.859 exige: (a) Carteira de Trabalho e Previdência Social (CTPS); (b) atestado de boa conduta; (c) atestado de saúde, a critério do empregador. Na prática, esses últimos dois requisitos não são exigidos. Em princípio, o atestado de boa conduta deveria ser emitido pela autoridade policial. A autoridade policial vai verificar se o empregado possui antecedentes criminais.

Antigo empregador poderá dar carta de referência dizendo que o empregado doméstico lhe prestou serviços e que estes eram prestados a contento. O ex-empregador doméstico não terá obrigação de fornecer o atestado, em razão de que não há lei dispondo nesse sentido e de que o empregado pode não ter sido bom funcionário. Pelo fato de o empregado doméstico conviver na intimidade da família é que a lei exige o referido atestado. Dada a confiança que vai existir entre as partes, o referido atestado poderá indicar a idoneidade do empregado doméstico, já que este permanece praticamente o dia todo na residência da família, até mesmo quando esta está fora. Ocorre muito o fato de empregada doméstica furtar a residência da família e depois desaparecer. O atestado de boa conduta tem por objetivo afastar os maus profissionais do mercado; mas, evidentemente, não irá eliminá-los.

O atestado de saúde não é obrigatório para a admissão no emprego, ficando a critério do empregador doméstico exigi-lo. Tem por objetivo verificar se o empregado não é doente, pois vai trabalhar na casa, em contato com roupas e até com crianças, podendo transmitir doenças.

Outra determinação bastante válida é a atribuição da responsabilidade civil às agências de empregados domésticos, conforme a Lei nº 7.195, de 12-6-1984. O art. 1º dessa norma determina que "as agências especializadas na indicação de empregados domésticos são civilmente responsáveis pelos atos ilícitos cometidos por estes no desempenho de suas atividades". O art. 2º declara que, "no ato da contratação, a agência firmará compromisso com o empregador, obrigando-se a reparar qualquer dano que venha a ser praticado pelo empregado contratado, no período de um ano".

Na CTPS do empregado doméstico, serão feitas, pelo empregador, as seguintes anotações: (a) data de admissão; (b) salário mensal ajustado; (c) início e término das férias; (d) data de dispensa (art. 5º do Decreto nº 71.885/73). Será vedado, portanto, anotar-se na CTPS do empregado qualquer conduta desabonadora ou, mesmo, a existência de justa causa para a dispensa. A CTPS irá comprovar o contrato de trabalho entre as partes, o salário e as anotações de férias, inclusive perante a Justiça do Trabalho.

O empregado doméstico será registrado de imediato, desde o primeiro dia em que passar a prestar serviços ao empregador. Não poderá o empregador posteriormente alegar que não o registrou sob o argumento de que o doméstico não lhe apresentou a CTPS ou não trouxe documentos ou algo parecido, pois qualquer empregado deve ser registrado logo no primeiro dia em que começa a trabalhar, e não em outra oportunidade.

Não há prazo para que o empregador faça as anotações na CTPS do empregado do contrato mantido entre as partes, pois não se aplica a CLT (art. 7º, *a*). O mais correto é que a CTPS seja anotada o mais rápido possível e devolvida ao empregado. Para que não existam dúvidas sobre se a empregada apresentou ou não a CTPS para registro e que esta foi devolvida ao empregado, deve o empregador pegar recibo de que devolveu aquele documento ao trabalhador.

A CTPS é obrigatória para o exercício de qualquer emprego (art. 13 da CLT), inclusive o doméstico.

Será a CTPS fornecida ao empregado mediante a apresentação de: (a) duas fotografias 3x4; (b) qualquer documento oficial de identificação pessoal do interessado, no qual possam ser colhidos dados referentes ao nome completo, filiação, data e lugar de nascimento.

Na impossibilidade de apresentação, pelo interessado, de documento idôneo que o qualifique, a CTPS será fornecida com base em declarações verbais confirmadas por duas testemunhas, lavrando-se, na primeira folha de anotações gerais da carteira, termo assinado pelas mesmas testemunhas. Se o interessado não souber ou não puder assinar sua carteira, ela será fornecida mediante impressão digital ou assinatura a rogo.

Não se exige mais do empregado doméstico menor a autorização dos pais para trabalhar, pois o art. 417 da CLT não se aplica ao doméstico (art. 7º, *a*, da CLT). Inclusive, entende-se que referido artigo foi revogado tacitamente pelo Decreto-lei nº 926, de 10-10-1969, ou pela Lei nº 5.686, de 3-8-1971, que previa em sentido diverso, não mais fazendo distinção entre CTPS do trabalhador comum e do menor. O art. 417 da CLT fazia referência ainda a documentos para emissão da CTPS. O parágrafo único do art. 16, com a redação da Lei nº 5.686, determinava quais eram os elementos para que a CTPS fosse emitida, mencionando na alínea *d* autorização dos pais, o que não é mais exigido na redação do mesmo art. 16, de acordo com a Lei nº 7.855/89. Assim, é possível também entender que para o menor trabalhar não se exige autorização do responsável, inclusive para o trabalho doméstico.

Determina o art. 248 da Lei nº 8.069/90 que, se a pessoa deixar de apresentar à autoridade judiciária de seu domicílio, no prazo de 5 dias, com o fim de regularizar a guarda, adolescente trazido de outra comarca para a prestação de serviço doméstico, mesmo que autorizado pelos pais ou responsável, fica sujeita à pena de multa de 3 a 20 salários de referência, sendo aplicada em dobro em caso de reincidência, independentemente das despesas de retorno do adolescente, se for o caso.

O doméstico menor de 18 anos poderá firmar recibo de pagamento. Na quitação, é recomendável que tenha a assistência dos pais, embora não se aplique ao doméstico o art. 439 da CLT (art. 7º, *a*, da CLT).

Tendo o empregador mais de uma residência, como a casa de campo, a casa de praia, além da que normalmente vive, o fato de o empregado deslocar-se de uma para outra não implica a existência de mais de um contrato de trabalho doméstico.

Se houver uma sucessão de contratos de trabalho entre o empregado e o empregador doméstico, é inaplicável o art. 453 da CLT, visando o somatório do tempo de serviço de todos os contratos, pois a CLT não é observada ao doméstico.

Falecendo o empregado doméstico, termina o contrato de trabalho doméstico, pois, para o empregado, o pacto laboral é pessoal, compreendendo certa e específica pessoa na prestação dos serviços.

Será mais difícil existir contrato de trabalho doméstico entre cônjuges, em razão da comunhão familiar entre eles, da relação amorosa.

Direitos Trabalhistas do Empregado Doméstico 7

1 Considerações iniciais

Os direitos trabalhistas dos empregados domésticos podem ser resumidos em três correntes.

A primeira prega a separação das leis trabalhistas em geral das aplicáveis aos domésticos, porém estes ficariam totalmente marginalizados ou desamparados na questão de seus direitos trabalhistas.

A segunda corrente declara que os direitos trabalhistas dos domésticos devem ser os mesmos que os de qualquer empregado. Entretanto, essa ideia não pode ser aplicada em sua plenitude, pois as condições de trabalho em casa e numa empresa são completamente diferentes, além de o empregador doméstico ter certas peculiaridades, como não exercer atividade lucrativa, o que impediria o pagamento de participação nos lucros.

A terceira corrente preconiza a existência de uma legislação especial, devendo ser conferidos os direitos básicos ao empregado doméstico, como, na prática, acaba fazendo a atual Constituição, determinando o pagamento de salário-mínimo, 13º salário, férias, repouso semanal remunerado etc.

2 Direitos previstos na Constituição

Nenhuma Constituição brasileira havia tratado de direitos trabalhistas dos domésticos, nem mesmo a ele se referiam. Na verdade, não deveriam fazê-lo porque não é matéria constitucional, pois, caso contrário, outros trabalhadores também iriam querer ter seus direitos inseridos no bojo da Lei Maior.

Anteriormente à Constituição de 1988, o doméstico podia receber menos de um salário-mínimo (§ 1º do art. 5º da Lei nº 5.859), não fazia jus a 13º salário, aviso-prévio e repouso semanal remunerado (art. 5º, *a*, da Lei nº 605/49). A Lei nº 5.859 assegurava ao doméstico apenas anotação na CTPS, férias anuais de 20 dias e Previdência Social.

A Subcomissão dos Direitos dos Trabalhadores não tratou dos direitos dos empregados domésticos. A Comissão da Ordem Social estabeleceu que "são assegurados à categoria dos trabalhadores domésticos, além de outros que visem à melhoria da sua condição social, os direitos previstos nos itens IV, VI, IX, X, XII, XVIII, XXIX e XXVI do art. 2º, bem como a integração à Previdência Social e aviso-prévio de despedida, ou equivalente em dinheiro". A Comissão de Sistematização especificou: "são assegurados à categoria dos trabalhadores domésticos os direitos previstos nos incisos IV, VI, VIII, XIV, XVI, XVIII e XXI do artigo anterior, bem como a integração à Previdência Social". Por fim, o parágrafo único do art. 7º da Constituição determinou: "são assegurados à categoria dos trabalhadores domésticos os direitos previstos nos incisos IV, VI, VIII, XV, XVII, XVIII, XIX, XXI e XXIV, bem como a sua integração à Previdência Social".

A Lei Maior determinou, portanto, vários direitos trabalhistas ao empregado doméstico no parágrafo único do art. 7º, até mesmo não previstos na Lei nº 5.859, que regula o trabalho doméstico. Assim, tem direito o empregado doméstico a: salário-mínimo (art. 7º, IV), que não era previsto na legislação anterior; irredutibilidade salarial (art. 7º, VI); décimo terceiro salário (art. 7º, VIII), que não estava elencado na Lei nº 5.859; repouso semanal remunerado (art. 7º, XV), que também não era previsto na lei do doméstico; férias mais 1/3 (art. 7º, XVII); licença à gestante de 120 dias (art. 7º, XVIII); licença-paternidade (art. 7º, XIX); aviso-prévio de pelo menos 30 dias (art. 7º, XXI), que inexistia anteriormente; aposentadoria (art. 7º, XXIV), bem como sua integração à Previdência Social.

Empregou a Lei Magna, porém, a expressão *trabalhador doméstico*, e não *empregado doméstico*, que seria a mais correta. Todavia, seria possível dizer que qualquer trabalhador doméstico teria direito à Previdência Social, e não só o empregado, como, por exemplo, a diarista autônoma. Assim, parece que o uso da expressão *trabalhador doméstico* teve por objetivo abarcar a situação mencionada. Entretanto, o trabalhador autônomo doméstico não tem direito a repouso remunerado, mas apenas o empregado doméstico. Assim, existe imprecisão no uso da expressão *trabalhador doméstico* na Constituição.

3 Outros direitos

O empregado doméstico, por exclusão, e pelo fato de que o parágrafo único do art. 7º da Constituição não faz menção a certos incisos do mesmo artigo como sendo aplicáveis, não fará jus a: relação de emprego protegida contra dispensa arbitrária (inciso I); piso salarial proporcional à extensão e à complexidade do trabalho (inciso V); proteção do salário na forma da lei, constituindo crime sua retenção dolosa (inciso X); participação nos lucros ou resultados ou na gestão da empresa, pois o empregador doméstico não é empresa, não tendo lucros (inciso XI); jornada de trabalho de seis horas em caso de turnos ininterruptos de revezamento (inciso XIV); proteção do mercado de trabalho da mulher, mediante incentivos específicos (inciso XX); assistência gratuita aos filhos e dependentes desde o nascimento até seis anos de idade em creches e pré-escolas (inciso XXV); proteção em face da automação (inciso XXVII); proibição de diferença de salário, de exercício de funções e de critério de admissão por motivo de sexo, idade, cor ou estado civil (inciso XXX); proibição de qualquer discriminação no tocante a salário e critérios de admissão do trabalhador portador de deficiência (inciso XXXI); proibição de distinção entre trabalho manual, técnico e intelectual ou entre os profissionais respectivos (inciso XXXII); proibição de trabalho noturno, perigoso ou insalubre aos menores de 18 anos e de qualquer trabalho a menores de 16 anos, salvo na condição de aprendiz, a partir de 14 anos (inciso XXXIII). Isso quer significar que o doméstico com menos de 16 anos poderia trabalhar mesmo não sendo aprendiz, já que, inclusive, a CLT não se lhe aplica nesse aspecto (art. 7º, *a*, da CLT). O menor de 16 anos poderá, portanto, trabalhar na condição de doméstico, pois inexiste proibição neste sentido.

O empregado doméstico não tem direito ao abono do PIS. O empregador doméstico não recolhe a contribuição do PIS. Assim, seu empregado não faz jus a tal verba.

Não vou fazer um estudo de direito por direito do empregado doméstico, de acordo com a previsão constitucional, como foi feito em outras edições, pois pareceria um arrolamento. Vou, porém, examinar cada direito dentro do instituto respectivo, como remuneração, FGTS, faltas ao serviço, jornada de trabalho, férias, Direito Coletivo do Trabalho etc. Penso, assim, ser forma de exposição mais didática e compreensível para pessoas que não são versadas em Direito.

Remuneração 8

1 Conceitos

Salário é proveniente do latim *salarium*. Essa palavra vem de *sal*, do latim *salis*; do grego, *hals*. Sal era a forma de pagamento das legiões romanas. Posteriormente, foram sendo empregados outros meios de pagamento de salários, como óleo, animais, alimentos etc.

A legislação brasileira faz distinção entre remuneração e salário. Remuneração é gênero e salário, espécie.

Remuneração é o conjunto de prestações recebidas habitualmente pelo empregado pela prestação de serviços, seja em dinheiro ou em utilidades, provenientes do empregador ou de terceiros, mas decorrentes do contrato de trabalho, de modo a satisfazer a suas necessidades básicas e de sua família.

Salário é a prestação fornecida diretamente ao trabalhador pelo empregador em decorrência do contrato de trabalho, seja em razão da contraprestação do trabalho, da disponibilidade do trabalhador, das interrupções contratuais ou demais hipóteses previstas em lei.

Do art. 457 da CLT depreende-se que remuneração é igual a salário mais as gorjetas.

Gorjeta é não só a importância espontaneamente dada pelo cliente ao empregado, como também aquela que for cobrada pela empresa ao cliente, como adicional nas contas, a qualquer título, sendo destinada a distribuição aos empregados (§ 3º do art. 457 da CLT).

O empregado doméstico não percebe gorjeta, que é paga pelo cliente, como ocorre com os garçons.

2 Elementos

São elementos da remuneração: (a) habitualidade; (b) periodicidade; (c) quantificação; (d) essencialidade; (e) reciprocidade.

O elemento principal da remuneração é a habitualidade. Para caracterizar a verba como tendo natureza salarial é preciso que haja constância no pagamento.

O empregado deve receber a remuneração periodicamente, como a cada 30 dias.

Deve o empregado saber quanto ganha do empregador, visando poder assumir seus compromissos.

É o salário essencial para o empregado poder sobreviver, juntamente com sua família.

O salário mostra a existência de reciprocidade de direitos e obrigações entre empregado e empregador. O empregador só paga salário ao empregado se este prestar serviços. Para que o empregado tenha direito a receber seu salário deve prestar serviços.

3 Classificação

Geralmente, o empregado doméstico tem salário fixo. Não terá um salário fixo mais comissões, porque não faz vendas.

Entretanto, pode receber parte do salário em dinheiro, como um salário-mínimo por mês, e parte em utilidades, como habitação, alimentação, vestuário, transporte.

As utilidades podem ser alimentação, habitação, transporte, higiene, vestuário, lazer, educação e saúde.

Muitas vezes, o empregador fornece alimentação no local de trabalho. O empregado pode ter um quarto para dormir. O patrão fornece produtos de higiene, paga plano de saúde ao empregado ou sua escola.

Para a caracterização da utilidade é preciso: (a) gratuidade em seu fornecimento. Se o empregador cobra pela utilidade, não representa salário, mas deve ser algo razoável; (b) que ela represente um acréscimo ao salário. Caso o empregado tivesse de comprar a utilidade, iria despender certo numerário para esse fim.

O § 2º do art. 457 da CLT faz distinção didática no sentido de considerar a utilidade fornecida *pelo* e *para* o trabalho. Se ela é fornecida para o empregado poder trabalhar, como a alimentação no local de trabalho, a habitação para poder desenvolver seu mister não será salário. Ao contrário, se a utilidade é fornecida sem que haja relação com a necessidade da prestação de serviços, representará salário-utilidade, como se o empregador fornecesse alimentos, roupas ou produtos de higiene gratuitamente ao empregado.

As prestações *in natura* (alimentos, vestuário, higiene) têm por objetivo viabilizar a prestação de trabalho. São para o trabalho e não pelo trabalho.

4 13º salário

A gratificação de Natal, também conhecida por 13º salário, foi instituída pela Lei nº 4.090, de 13-7-1962, em razão de que naquela época era comum as empresas pagarem, por mera liberalidade, valores a título de um salário a mais por ano, o que afinal foi legalizado. Trata a referida lei do pagamento da gratificação no mês de dezembro, à razão de 1/12 da remuneração por mês de serviço ou por período de trabalho igual ou superior a 15 dias. A Lei nº 4.749, de 12-8-1965, complementou as disposições da norma anterior, dispondo sobre o pagamento da gratificação de Natal. Estabelece que metade do 13º salário deve ser paga entre os meses de fevereiro e novembro de cada ano, de acordo com o salário do mês anterior ao do pagamento, e a segunda metade deve ser saldada até 20 de dezembro.

A Lei nº 5.859/72 não tratava de 13º salário em relação ao empregado doméstico, além de ser posterior à Lei nº 4.090/62, nada mencionando sobre o tema, nem esta última. Assim, tal verba não era devida ao doméstico.

Havia argumentos no sentido de que o fato de a alínea *a* do art. 7º da CLT excluir o doméstico das disposições consolidadas não impediria a aplicação de outras leis, como a Lei nº 4.090/62. Entretanto, a Lei nº 5.859 era expressa quanto aos direitos dos empregados domésticos, não fazendo menção à Lei nº 4.090/62, muito menos ao Decreto nº 71.885.

Com a Constituição de 1988 desapareceu a celeuma sobre o tema, pois o parágrafo único do art. 7º, c/c o inciso VIII do mesmo artigo, da Lei Maior assegura: "13º salário com base na remuneração integral ou no valor da aposentadoria". Assim, passa-se a aplicar a Lei nº 4.090 ao empregado doméstico. Na prática, muitos empregadores já contratavam o empregado doméstico concedendo o 13º salário.

O inciso VIII do art. 7º da Constituição dispõe que o 13º salário toma por base a remuneração. Isso quer dizer que é calculado sobre a remuneração. Nada impede, porém, que seja calculado de forma proporcional sobre a remuneração do mês de dezembro quando o empregado doméstico não tenha trabalhado todos os meses do ano.

Dessa forma, o 13º salário do empregado doméstico será pago na mesma forma que a qualquer empregado. O empregador deverá adiantar a primeira metade entre 1º de fevereiro a 30 de novembro de cada ano, tomando por base o salário do mês anterior. No dia 20 de dezembro deverá pagar o restante, tomando por base o salário do mês de dezembro, descontando-se o valor já pago da primeira metade. A contribuição previdenciária relativa ao 13º salário será calculada em separado do salário do mês e incidirá sobre o valor total do 13º salário quando do pagamento feito em dezembro. O recolhimento da contribuição previdenciária do 13º salário deverá ser feito até o dia 20 de dezembro. O empregado doméstico poderá requerer o pagamento da primeira parcela do 13º salário por ocasião de suas férias, o que deverá ser requerido no mês de janeiro de cada ano.

Cada período igual ou superior a 15 dias é considerado como mês, dando ao empregado doméstico 1/12 por mês a título de 13º salário. Para o cálculo do 13º salário é preciso verificar as faltas injustificadas a que o doméstico deu causa durante o mês.

Requerendo o empregado, no mês de janeiro, o pagamento da metade do 13º salário quando sair em férias, o empregador terá de pagá-la quando o obreiro usufruir de suas férias.

Na hipótese de o empregado ser dispensado sem justa causa, fará jus também ao 13º salário proporcional. Se o empregado doméstico é dispensado com justa causa, perde o direito ao 13º salário proporcional, podendo o empregador descontar de seus salários o adiantamento efetuado. Tendo o doméstico mais ou menos de um ano de trabalho, pedindo demissão ou sendo dispensado sem justa causa, tem direito ao 13º salário, de forma proporcional aos meses trabalhados. Havendo rescisão indireta do contrato de trabalho do doméstico por culpa do empregador, o 13º salário proporcional é devido. Falecendo o empregado doméstico, os herdeiros têm direito ao 13º salário proporcional, tendo mais ou menos de um ano de trabalho.

A Súmula 14 do TST mostra que é devido metade do valor do 13º salário em caso de culpa recíproca para a rescisão do contrato de trabalho.

Se o empregado doméstico não presta serviços em todos os dias da semana, o 13º salário deve ser calculado de acordo com os dias trabalhados por mês ou de acordo com a média desses dias no período-base de cálculo daquela verba.

5 Salário-mínimo

O § 1º do art. 5º da Lei nº 5.859 permitia que o empregado doméstico percebesse menos do que um salário-mínimo, pois usava a expressão *o empregado que receber salário superior ao mínimo vigente*. Isso importa dizer que era possível o pagamento de salário menor do que o mínimo ao doméstico, interpretando-se *a contrario sensu* a referida norma. Na prática, muitos empregadores domésticos já concediam o pagamento de pelo menos um salário-mínimo ao empregado doméstico no período anterior à Constituição de 1988.

O inciso IV do art. 7º da Lei Magna estabelece como direito do trabalhador "salário-mínimo, fixado em lei, nacionalmente unificado, capaz de atender a suas necessidades vitais e às de sua família com moradia, alimentação, educação, saúde, lazer, vestuário, higiene, transporte e previdência social, com reajustes periódicos que lhe preservem o poder aquisitivo, sendo vedada sua vinculação para qualquer fim".

Com a atual Constituição, o empregado doméstico não pode perceber remuneração inferior a um salário-mínimo, pois este é o valor mínimo que o empregador pode pagar diretamente a qualquer empregado.

No salário-mínimo do empregado doméstico estarão incluídos valores como moradia, alimentação, educação, saúde, lazer, vestuário, higiene, transporte. O empregador doméstico poderá fornecer utilidades, de modo até mesmo a completar o salário-mínimo.

Dúvida existe sobre se o empregador pode descontar do empregado valores a título de salário-utilidade, pois o empregador doméstico muitas vezes fornece habitação, alimentação ou outra utilidade ao empregado. Em decorrência de que o empregado doméstico passa a ter direito ao salário-mínimo com a Constituição de 1988, o art. 82 da CLT passa a lhe ser aplicável. O parágrafo único do mesmo artigo dispõe que "o salário-mínimo pago em dinheiro não será inferior a 30% do salário-mínimo". Isso quer dizer que o empregador que fornecer utilidades ao empregado poderá descontá-las do salário até 70% do salário-mínimo, pagando 30% em dinheiro. Há acórdão que permite o desconto de utilidades do empregado: "Doméstica – Descontos salariais com habitação e alimentação. O art. 458, § 3º da CLT, permite que o empregador desconte 25% e 20% do salário do obreiro, a título de habitação e alimentação, respectivamente. Tais descontos deveriam ter sido acordados quando da contratação da obreira, expressamente. Entretanto, ressalta-se que no âmbito doméstico a aplicação das leis trabalhistas não pode ser feita de forma rigidamente processual, vez que aqui as relações são quase familiares, baseadas na confiança íntima existente entre as partes, de modo que ainda hoje o ordinário, ainda que desaconselhável, é a relação de emprego sem qualquer contrato expresso. Assim, incontroverso que a obreira residia na casa da reclamada, ali fazendo as suas refeições, é plausível o reconhecimento do desconto de 20% sobre o salário-mínimo, efetuado pela empregadora, sobre o salário da obreira, a título de habitação e alimentação. Aplica-se o texto legal consolidado por força do disposto no art. 7º, inciso IV e parágrafo único da CF" (Ac. da 4ª T. do TRT da 3ª R., RO 7.023/96, Rel. Juíza Deoclécia Amorelli Dias, j. 28-8-96, *DJMG* 5-10-96, p. 25).

Entretanto, o empregador doméstico que nunca fez descontos nesse sentido no salário do empregado doméstico não poderá fazê-lo. Para que haja a dedução das despesas com habitação, alimentação ou outras, os descontos devem ser feitos desde o início do contrato de trabalho, e não de uma hora para outra, pois, caso assim proceda o empregador, estará alterando unilateralmente o contrato, implicando situação mais prejudicial ao empregado, aplicando-se, por analogia, o art. 468 da CLT.

Assim, se o empregado doméstico perceber mais de um salário-mínimo, é possível aplicar o porcentual de desconto de até 70% sobre o salário percebido, a título das utilidades fornecidas. No Estado de São Paulo, o porcentual de desconto é de 43% para alimentação, 33% para habitação, 14% para vestuário, 6%

para higiene e 4% para transporte, conforme a Portaria nº 19, de 31-1-1952, do Ministério do Trabalho.

Se o empregador doméstico paga o salário-mínimo e ainda concede alimentação sem nenhum desconto, esta deverá compor a remuneração como salário *in natura*. A verdadeira remuneração do empregado doméstico irá corresponder ao salário-mínimo mais a alimentação fornecida. Se o empregado doméstico receber salário superior ao mínimo legal, aplica-se a orientação da Súmula nº 258 do TST: "Os percentuais fixados em lei relativos ao salário *in natura* apenas se referem às hipóteses em que o empregado percebe salário-mínimo, apurando-se, nas demais, o real valor da utilidade".

O empregado doméstico pode perceber salário por hora. Desde que ganhe pelo menos o valor do salário-mínimo horário, não haverá nenhum problema. É o que ocorreria se o empregado doméstico prestasse serviços apenas por quatro horas diárias ou apenas em certos dias da semana, em que deveria ter um salário proporcional às horas ou aos dias trabalhados em relação ao salário-mínimo.

Prevê o § 1º do art. 6º da Lei nº 8.542 a possibilidade do salário-mínimo horário, que é calculado à razão de 1/220 do salário-mínimo. Essa regra também se aplica ao doméstico, que recebe pelo menos um salário-mínimo por mês, podendo também receber salário-mínimo horário.

Na jurisprudência há a mesma orientação:

> "Doméstico – Diarista – Salário-mínimo proporcional. Empregado doméstico diarista, que tenha sido contratado para laborar em jornada inferior a 8 horas diárias ou apenas em alguns dias da semana, pode receber salário-mínimo proporcional ao tempo trabalhado, desde que respeitada a equivalência com o mesmo, preservando-se, assim, a garantia constitucional" (TRT-24ª Região, RO 1.297/95, Rel. Idelmar da Mota Lima, j. 30-8-95, *DJMS* 14-11-95, p. 18).

Se o doméstico ganha por número de salários-mínimos, quando houver a alteração do salário-mínimo deve-se multiplicar o salário-mínimo pelo número de salários que o doméstico ganha, atualizando-se assim seu salário.

O empregado doméstico não tem exatamente piso salarial, pois a lei não o prevê. O piso teoricamente poderia ser estabelecido em norma coletiva, porém o empregador não representa categoria econômica, porque não exerce atividade econômica.

O salário do doméstico deveria ser pago no 5º dia útil subsequente ao mês vencido, aplicando-se, por analogia, a regra do § 1º do art. 459 da CLT, quando o empregado percebe remuneração por mês. Entretanto, não há obrigação legal nesse sentido, pois não se aplica ao doméstico a CLT (art. 7º, *a*, da CLT). Não sendo, porém, observado aquele entendimento, o empregador doméstico poderia pagar o salário do empregado doméstico quando bem entendesse. Deixando, porém, de ser utilizado o referido prazo, inexistirá multa para o empregador doméstico, pois este não está sujeito às multas administrativas por infração à CLT (art. 7º, *a*, da CLT).

O empregado doméstico não tem data-base, razão pela qual nem mesmo a ele se aplica a política salarial, salvo se houver expressa determinação em sentido contrário. Na jurisprudência, há orientação no sentido de não se aplicar a Lei nº 8.178/91, quando esta estava em vigor: "Empregado doméstico – Abonos salariais e diferenças indevidos. Garantindo a Constituição da República, de 1988, o salário-mínimo ao doméstico (art. 7º, IV), tem esta regra própria para fixação, sendo inaplicáveis as normas da Política Salarial, constantes dos arts. 6º e 9º, da Lei nº 8.178/91. Indevidas diferenças pela integração dos abonos salariais previstos na mencionada lei, por força do § 7º do art. 9º. Recurso provido, em parte, para afastar da condenação os abonos e diferenças deles derivadas, em verbas contratuais e rescisórias" (TRT-15ª Região, 5ª T., RO 03348/94-8, j. 17-10-95, Rel. Juíza Celina Pommer Pereira, *DJSP* II 20-11-95, p. 95). O salário do doméstico pode ser aumentado toda vez que houver reajuste do salário-mínimo, se assim for combinado entre as partes.

O crédito pelos salários dos empregados domésticos do devedor, em seus derradeiros seis meses de vida, goza de privilégio geral, sobre os bens do devedor, estando em sétimo lugar na ordem (art. 965, VIII, do Código Civil).

6 Irredutibilidade do salário

O inciso VI do art. 7º da Constituição assegura ao doméstico irredutibilidade do salário. Esse princípio decorre da inalterabilidade das condições de trabalho, prevista no art. 468 da CLT. Permite o dispositivo constitucional, porém, que os salários sejam reduzidos, desde que mediante acordo ou convenção coletiva de trabalho. Os salários do doméstico não poderão ser reduzidos, nem mesmo por acordo ou convenção coletiva, pois essas regras não se aplicam a domésticos, justamente porque o parágrafo único do art. 7º não reconhece como direito do referido trabalhador o contido no inciso XXVI do art. 7º da Lei Maior, isto é, os acordos e as convenções coletivas do trabalho. Nesse aspecto, reportamo-nos às nossas manifestações no título "Direito Coletivo do Trabalho", neste capítulo (nº 17).

O princípio da irredutibilidade dos salários não impede, contudo, os descontos no salário do doméstico, como o da contribuição previdenciária, do imposto de renda retido na fonte ou até das utilidades fornecidas pelo empregador (parágrafo único do art. 82 da CLT). O que não é possível o empregador doméstico fazer é reduzir o salário do empregado fora das hipóteses permitidas, como em um mês o doméstico perceber $ 200,00 e no seguinte passar a perceber $ 190,00.

Se o empregado doméstico foi contratado para trabalhar quatro horas e ganhar $ 200,00, não pode, posteriormente, o empregador reduzir seu salário para $ 150,00, sob o argumento de que não trabalhava jornada integral, pois se configuraria a redução de salário e uma situação prejudicial ao trabalhador. É o que ocorreria se o salário-mínimo fosse correspondente ao primeiro valor e o empregador posteriormente quisesse reduzir o salário do empregado para $ 150,00 sob o argumento de que trabalhava apenas quatro horas, razão pela qual deveria perceber metade do salário. Esse critério não seria correto, pois estaria havendo redução salarial e modificação do contrato de trabalho, com prejuízo ao empregado.

Não tendo o empregador doméstico feito descontos no salário do empregado a título de utilidades fornecidas desde o início da prestação laboral, não poderá fazê-lo posteriormente, pois o salário é irredutível, além de não ter sido ajustado nada nesse sentido, como entende a jurisprudência:

> "Doméstica – Salário-utilidade – Descontos. A complementação do salário-mínimo legal da doméstica por utilidades como alimentação, transporte etc. tem de ser previamente ajustada, sob pena de ser ilícito o desconto" (ac. un. da 4ª T. do TRT-3ª Região, RO 2.765/88, Rel. Juiz Benedito Alves Barcelos, *Minas Gerais* II, 10-3-89, p. 69).

A irredutibilidade salarial irá depender da lei salarial vigente, pouco importando a existência de inflação, que não irá importar na correção dos salários. O STF já decidiu nesse sentido:

> "A garantia constitucional da irredutibilidade dos vencimentos da Magistratura não impõe revisão automática do valor dos salários frente à desvalorização da moeda – Reajuste que só opera a partir da lei, de iniciativa do chefe do Poder Executivo – Precedentes do STF – Recurso extraordinário conhecido e provido" (RE 116-729-7-RS, 2ª T., Rel. Min. Francisco Rezek, j. 21-10-88, in *LTr* 53-3/334).

Assim, os reajustes salariais do empregado doméstico dependerão da lei salarial vigente. Mesmo havendo inflação, não há que se falar em redução de salários.

O doméstico não tem direito à equiparação salarial, com base no art. 461 da CLT, em razão de que a CLT não se lhe aplica (art. 7º, *a*, da CLT). A equiparação salarial é possível em relação a empregados domésticos com fundamento no *caput* do artigo 5º da Constituição, pois todos os iguais devem ser tratados igualmente, sem distinções de qualquer natureza.

7 Vale-transporte

O vale-transporte foi instituído pela Lei nº 7.418, de 16-12-85. Na época, o vale-transporte era uma faculdade do empregador, que poderia concedê-lo ou não ao empregado.

A Lei nº 7.619, de 30-9-87, modificou a situação, transformando o sistema facultativo anteriormente existente numa obrigação do empregador (art. 1º). As referidas normas foram regulamentadas pelo Decreto nº 95.247, de 17-11-87.

Não estabeleceu expressamente a norma legal que o empregado doméstico teria direito ao vale-transporte, pois apenas menciona que o empregador, pessoa física ou jurídica, antecipará ao empregado as despesas efetivas do deslocamento residência-trabalho e vice-versa. Poder-se-ia entender que o empregador doméstico teria de fornecer o vale-transporte, pois pode ser enquadrado como a pessoa física de que fala a lei.

O art. 1º do Decreto nº 95.247 dirimiu a dúvida, dizendo, no inciso II, que os empregados domésticos definidos na Lei nº 5.859 têm direito ao vale-transporte.

Será fornecido o vale-transporte em vale e não em dinheiro, que é vedado (art. 5º do Decreto nº 95.247).

O empregado deve requerer o vale-transporte, indicando quantas conduções necessita, pois pode morar na casa e dele não se utilizar.

O empregador deve manter um documento escrito de que o empregado não quer receber o vale-transporte, visando se resguardar de futuras alegações do empregado de que requereu o benefício e este não lhe foi concedido.

O vale-transporte não tem natureza salarial, desde que sejam observados os requisitos especificados em lei.

Descontos no Salário do Empregado

9

Os descontos que podem ser feitos no salário do empregado doméstico são os decorrentes de lei ou de adiantamentos. Vamos analisá-los melhor.

1 Previdência social

O desconto da contribuição previdenciária é obrigatório, conforme o art. 20 da Lei nº 8.212.

As alíquotas são de 8, 9 e 11%, de acordo com a faixa de renda em que estiver o empregado doméstico.

Na prática, quando o valor da contribuição previdenciária é baixo, o próprio empregador acaba recolhendo a contribuição para o empregado sem descontar a parte pertinente a este. O empregador, dessa forma, recolhe tudo: os 12% (cota do empregador) e a parte do empregado, sem fazer qualquer desconto no salário do último. A dúvida que pode ocorrer é o empregador assim proceder por vários anos e posteriormente querer iniciar o desconto pela primeira vez. Uma corrente entende que o desconto é legal e pode ser feito a qualquer tempo. A segunda corrente declara que se o desconto nunca foi efetuado, incorpora-se ao pagamento salarial feito ao empregado e não mais poderá ser realizado. O ideal é que o desconto seja feito mensalmente para evitar qualquer dúvida.

Atualmente o empregador e o empregado doméstico não mais recolhem a contribuição mediante carnê e sim por guia de recolhimento de contribuição previdenciária, que deve ser adquirida na papelaria pelo empregador doméstico. Para cada mês haverá uma guia de recolhimento.

2 Imposto de renda

O desconto do imposto de renda retido na fonte também decorre de lei (arts. 3º e 7º da Lei nº 7.713). Logo, se o empregado entrar na faixa pertinente ao desconto do IRF, o empregador deverá proceder ao desconto, sob pena de ter de pagar diretamente o valor à Receita Federal. O empregador, portanto, é responsável tributário pela retenção e recolhimento do IRF.

É de se destacar que o fato gerador do IRF é o pagamento e não o mês a que se refere (regime de competência). Assim, se houver pagamento acumulado de vários meses num único, é a tabela deste último mês que deve ser utilizada. Se o empregado perceber até R$ 1.637,11 por mês, não há retenção na fonte, pois está isento.

A tabela de imposto de renda é a seguinte:

Base de cálculo (R$)	Alíquota (%)	Parcela a deduzir
Até 1.637,11	isento	–
de 1.637,12 a 2.453,50	7,5	122,78
de 2.453,51 a 3.271,38	15	306,80
de 3.271,39 a 4.087,65	22,5	552,15
acima de 4.087,65	27,5	756,53

Por dependente do empregado desconta-se R$ 164,56. É possível descontar, ainda, a contribuição previdenciária devida pelo empregado, pensão alimentícia, pensão paga por previdência pública ou privada para quem tem 65 anos ou mais. Do resultado, é aplicada a alíquota do imposto de renda, sendo subtraída a parcela a deduzir.

A tributação do imposto de renda sobre o 13º salário é feita em separado do salário. Assim, não se soma o salário mais o 13º salário, apenas toma-se o último. A tributação é devida exclusivamente na fonte, não sendo compensável quando da declaração de ajuste. Sobre a primeira parcela do 13º salário não incide o IRF (art. 26 da Lei nº 7.713). Apenas quando do pagamento da segunda parcela e pelo total do rendimento creditado é que incidirá o IRF (art. 5º da Lei nº 7.959).

Poderá ser deduzida do imposto de renda apurado até o exercício de 2012, ano-calendário 2011, a contribuição patronal paga à Previdência Social pelo empregador doméstico incidente sobre o valor da remuneração do empregador (art. 12, VII, da Lei nº 9.250/95), isto é, os 12% da contribuição do empregador. A dedução fica limitada: a) a um empregado doméstico por declaração, inclusive no caso de declaração em conjunto, mesmo que tenha mais de um empregado; b) ao valor recolhido no ano-calendário a que se referir a declaração. Aplica-se a dedução apenas a quem não usar o modelo completo de declaração de ajuste anual. Não pode ser usado o modelo simples. Não poderá exceder: a) ao valor da contribuição patronal calculada sobre um salário-mínimo mensal, ou seja, 12%

sobre um salário-mínimo; b) ao valor do imposto apurado. Fica condicionada à comprovação da regularidade do empregador doméstico junto ao regime geral de previdência social quando se tratar de contribuinte individual.

A medida não atingirá tantos contribuintes, pois em média apenas 38% dos contribuintes do imposto de renda usam o formulário completo.

Fica limitada a dedução sobre um salário-mínimo mensal, sobre o 13º salário e sobre a remuneração adicional de férias, também limitados a um salário-mínimo.

O valor a deduzir do imposto de renda é pequeno e, no caso de pessoas mais abastadas, o empregado é registrado. O objetivo da lei seria fazer com que o empregador doméstico registre o empregado.

Ao casal que faz declaração em separado e que tenha mais de um empregado doméstico, é interessante fazer declaração em separado, desde que ambos tenham rendimentos próprios, para efeito de fazer a dedução acima, cada um de um empregado.

A lei tem por fundamento que o empregador doméstico regularize o registro do empregado doméstico na sua CTPS para se beneficiar da dedução do imposto de renda pessoa física. Pode isso não ocorrer em grandes centros, pois neles o empregado doméstico ganha mais de um salário-mínimo.

O ideal seria que toda a despesa do empregador doméstico com seu empregado fosse abatida na declaração de imposto de renda do primeiro. Isso poderia promover a regularização de contratos de trabalho com registro em carteira por parte do empregador, inclusive anotando a CTPS com o real salário do doméstico e também sendo feito o recolhimento do FGTS.

3 Utilidades

É comum o empregador doméstico fornecer ao empregado doméstico alimentação e moradia. É o que ocorre, principalmente, quando o empregado mora na residência de seu patrão.

As utilidades representam um acréscimo no salário do empregado, pois este não precisa desembolsar valores para adquirir a alimentação e pagar aluguel.

A dúvida é se o empregador pode descontar do salário do empregado o fornecimento de alimentação e habitação e de quanto seria esse desconto.

A CLT não se aplica ao doméstico (art. 7º, a, da CLT), de modo que não se observa a regra do art. 458 da CLT, que trata do salário-utilidade.

Entretanto, ao doméstico foi assegurado o salário-mínimo (art. 7º, IV, da Constituição). Na composição do salário-mínimo há as seguintes utilidades: alimentação, vestuário, higiene, habitação, transporte, lazer, saúde, educação.

É vedado ao empregador doméstico efetuar descontos no salário do doméstico a título de alimentação, vestuário, higiene e habitação (art. 2º-A da Lei nº 5.859/72).

A alimentação geralmente é fornecida ao empregado doméstico sem qualquer cobrança por parte do empregador. A lei tem por fundamento que as utilidades continuem a ser fornecidas, mas não haja desconto no salário do empregado. Em contrapartida, a norma estabelece que as utilidades alimentação, vestuário, higiene e habitação fornecidas ao empregado não têm natureza salarial para quaisquer efeitos (§ 2º do art. 2º-A da Lei nº 5.859). Isso significa que não há repercussão em férias e 13º salário, muito menos há incidência de FGTS e contribuição previdenciária, pois não é salário.

A moradia poderá ser descontada do doméstico, desde que não seja na residência onde trabalhe e o desconto seja expressamente acordado. Expressamente acordado pode ser oralmente ou por escrito. É recomendável, porém, que o ajuste seja feito por escrito para serem evitadas dúvidas.

Não se estabelece qual é o porcentual do desconto na Lei nº 5.859/72. Não pode ser o de 25% previsto no § 3º do art. 458 da CLT, pois esta não se aplica ao doméstico (art. 7º, *a*, da CLT).

Mesmo que haja desconto no salário do empregado, não tem natureza salarial a utilidade. A utilidade, para ser considerada salário, deve ser fornecida gratuitamente.

É possível, ainda, dizer que a habitação não é fornecida pelo trabalho prestado pelo empregado, mas para que o empregado possa desenvolver o trabalho. Assim, a habitação é uma forma para que o trabalho do empregado doméstico possa ser desenvolvido, facilitando a prestação dos serviços. Um mero quarto de dormir, com banheiro, não pode ser considerado como habitação no caso presente, que compreenderia uma casa completa. Não se pode, portanto, considerar a habitação como salário-utilidade.

A habitação fornecida ao caseiro não é considerada salário *in natura*, mas condição para o exercício do trabalho e para melhor desempenhá-lo. Trata-se de prestação para o trabalho e não pelo trabalho. Pouco importa que na habitação vivam as pessoas da família do empregado, que não irá se caracterizar o salário-utilidade. O mesmo ocorre com o zelador de prédios de apartamentos.

Na jurisprudência há acórdão no mesmo sentido:

> "Caseiro. Salário *in natura*. Não se caracteriza como utilidade a habitação cedida pelo empregador, ao empregado, por exigência da natureza do trabalho e do local de realização do mesmo" (TRT da 4ª R., RO 13.829/92, 2ª T., j. 18-4-94, Rel. juiz Sebastião Alves Messias, *LTr* 59-01/71).

A lei não emprega corretamente a palavra *despesa*. Na verdade, a expressão a ser utilizada deveria ser *utilidade fornecida*. Apenas para o empregador representa uma despesa, um custo.

As utilidades alimentação, vestuário, higiene e habitação não terão natureza salarial para "quaisquer efeitos". Assim, não terão natureza salarial para fins trabalhistas, previdenciários, de incidência do FGTS ou do imposto de renda.

Outras utilidades, diversas de alimentação, vestuário, higiene ou moradia, terão natureza salarial, pois não há ressalva na lei, salvo, por exemplo, vale-transporte, por força do art. 2º, *a* e *b* da Lei nº 7.418/86. O empregador também poderá fazer descontos no salário das outras utilidades.

A partir da vigência da Lei nº 11.324 (20-7-06) não podem mais ser feitos os descontos de utilidades no salário do empregado doméstico, ainda que eles estivessem sendo feitos, diante da regra imperativa da lei.

Se o empregador não vinha fazendo o desconto de moradia, não poderá fazê-lo, pois representa alteração do contrato de trabalho e situação prejudicial ao empregado. A regra, nesse ponto, deveria ser obervada em relação a contratos de trabalho doméstico novos.

O empregador doméstico deverá fazer os descontos de utilidades desde o início do pacto laboral. Se nunca os fez e resolver fazê-los, entendo que isso será impossível, pois é uma situação mais favorável ao empregado, que se incorporou ao seu salário. O empregado já conta com o salário bruto, sem qualquer desconto, importando situação prejudicial ao trabalhador. É o caso da aplicação por analogia do art. 468 da CLT, que impede alteração para pior das condições de trabalho.

Como o salário-mínimo passa a ter previsão constitucional, é possível aplicar o parágrafo único do art. 82 da CLT, que permite que 70% do salário-mínimo possam ser pagos em utilidades e 30% em dinheiro. O empregador doméstico poderá, portanto, descontar até 70% do salário percebido a título de fornecimento de utilidades. No Estado de São Paulo, o porcentual de desconto é de 4% para transporte (que não é o vale-transporte), conforme a Portaria nº 19 do Ministério do Trabalho, de 31-1-1952.

Para que haja o desconto é recomendável que isso fique bem claro no contrato de trabalho, inclusive o porcentual que será utilizado.

Se o empregador exige uniforme para que o doméstico trabalhe, deve fornecê-lo gratuitamente, sem fazer qualquer desconto no salário do doméstico, pois trata-se de exigência do empregador. Normalmente, os cozinheiros usam toucas brancas, as arrumadeiras usam vestidos de cor escura, o mordomo usa uma roupa preta, o motorista usa uniforme escuro etc. O uniforme também não será considerado salário utilidade, pois se trata de espécie de vestuário.

4 Vale-transporte

O vale-transporte é devido ao empregado doméstico, por força do inciso II do art. 1º do Decreto nº 95.247/87.

O desconto do vale-transporte é decorrente de lei. Esta dispõe que o empregador pode descontar do salário do empregado até 6% de seu salário-base a título do fornecimento do transporte (parágrafo único do art. 4º da Lei nº 7.418). O restante do que exceder o referido porcentual é arcado pelo empregador.

Supondo-se que o empregado ganhe $ 200,00. O empregador doméstico poderá descontar do empregado a título de vale-transporte até $ 12,00 por mês. Se o empregado gastar de condução $ 30,00 por mês, o empregador deverá arcar com $ 18,00 da condução do empregado, sem poder fazer desconto no salário do obreiro.

O vale-transporte concedido ao empregado de acordo com as determinações legais não tem natureza salarial, nem se incorpora à remuneração para quaisquer fins, nem há a incidência da contribuição previdenciária (art. 2º da Lei nº 7.418/85).

Normalmente, o empregador doméstico paga toda a condução da empregada doméstica, sem fazer qualquer desconto. Todavia, a empregada poderá posteriormente discutir a referida questão argumentando que o fornecimento do transporte gratuito vem a ser salário-utilidade.

5 Adiantamentos

Os adiantamentos são os vales fornecidos ao empregado no curso do mês. É comum, na prática, o empregado pedir vales ao empregador doméstico. Assim, se o salário foi adiantado é possível ser feito o desconto no salário do empregado, pois houve antecipação do valor devido ao trabalhador.

O ideal é que o empregador não forneça vales em valor superior ao salário do empregado, pois pode-se considerar que se trata de dívida civil e não trabalhista, pois o salário do empregado foi excedido. O restante pode ser entendido como um empréstimo concedido pelo empregador ao empregado e não como salário.

6 Danos

Os danos causados pelo empregado podem ser descontados de seu salário. Todavia, é preciso verificar dois requisitos.

Se o dano é decorrente de dolo, de vontade do empregado praticar o ato, o desconto é autorizado, independentemente de haver consentimento do obreiro. Entretanto, o empregador deverá provar qual o prejuízo que o empregado lhe causou. Para evitar qualquer dúvida, é até recomendável que no contrato de trabalho doméstico seja inserida cláusula no sentido de que os danos praticados pelo empregado contra o empregador poderão ser descontados de seu salário, inclusive os decorrentes de dolo.

Sendo o dano decorrente de culpa, isto é, de negligência, imperícia ou imprudência do empregado, o desconto só poderá ser feito se as partes houverem pactuado nesse sentido. Do contrário, o desconto não poderá ser realizado.

7 Faltas

O empregador poderá descontar do salário do empregado os dias em que o trabalhador faltar ao serviço.

Entendo também que poderá ser feito o desconto do repouso semanal remunerado, pois a condição deste é que o empregado trabalhe a semana toda e seja pontual. Se faltou um dia na semana, perde também o descanso semanal remunerado. O empregado perde, portanto, a remuneração do repouso, mas este terá de ser concedido pelo empregador, porém sem ter de pagar sua remuneração. Semana será considerada o período de segunda a domingo, anterior àquela em que recair o dia de repouso (§ 4º do art. 11 do Decreto nº 27.048/49).

FGTS   10

O parágrafo único do art. 7º da Lei Maior não se refere ao inciso III (que trata do FGTS) da mesma norma. Isso quer dizer que o empregado doméstico não tem direito ao FGTS.

O § 3º do art. 13 da Lei nº 7.839, de 12-10-89, que tratava do FGTS e revogava a lei anterior sobre o assunto (Lei nº 5.107/66), estabeleceu que "os trabalhadores domésticos poderão ter acesso ao regime do FGTS, na forma que vier a ser prevista em lei". O § 3º do art. 15 da Lei nº 8.036, de 11-5-90, também tem a mesma redação da norma anteriormente mencionada. Assim, o empregado doméstico poderá ter direito ao FGTS, porém, apenas quando for editada lei nesse sentido.

Se o empregador não desconta a falta, é porque a considerou justificada, não podendo fazê-lo mais adiante.

A Lei nº 10.208/01 estendeu o FGTS e o seguro-desemprego ao empregado doméstico.

A referida norma acrescentou o art. 3º-A à Lei nº 5.859/72, que trata dos direitos do empregado doméstico. O citado dispositivo facultou a inclusão do empregado doméstico no FGTS, mediante requerimento do empregador.

A matéria foi regulamentada pelo Decreto nº 3.361, de 10-2-2000.

Existem afirmações de que a extensão do FGTS aos empregados domésticos seria inconstitucional, em razão de que o doméstico só faz jus aos direitos especificados no parágrafo único do art. 7º da Constituição. É o pensamento de Georgenor de Sousa Franco Filho. Se o FGTS fosse obrigação do empregador doméstico, haveria inconstitucionalidade da disposição, por não estar previsto no parágrafo único do art. 7º da Lei Magna.

Os direitos especificados ao doméstico na Constituição são, porém, direitos mínimos. Sua enumeração não é taxativa (*numerus clausus*), mas exemplificativa, pois não está escrito no parágrafo único do art. 7º da Lei Maior que os direitos dos empregados domésticos são **apenas** ou **somente** os previstos em alguns dos incisos do art. 7º da mesma norma, permitindo que a lei ordinária estabeleça outros direitos ao doméstico. O *caput* do art. 7º da Lei Magna é expresso ao usar a frase "são direitos dos trabalhadores urbanos e rurais, além de outros que visem à melhoria de sua condição social", indicando que os direitos dos trabalhadores são exemplificativos. São direitos mínimos, possibilitando que a lei ordinária disponha sobre outros direitos. O inciso I do mesmo artigo prevê que lei complementar estabelecerá a proteção da relação de emprego contra a dispensa arbitrária ou sem justa causa, entre outros direitos, indicando também ser exemplificativo. O mesmo ocorre em relação ao parágrafo único do art. 7º, que é uma regra que deve harmonizar-se sistematicamente com a cabeça do mesmo comando constitucional. Entender que a lei não pode precrever direitos diversos dos previstos na Constituição para o doméstico implicaria afirmar ser inconstitucional a anotação do contrato de trabalho doméstico na CTPS do trabalhador, por não estar prevista na Lei Magna, mas no art. 5º do Regulamento da Lei nº 5.859, o que seria absurdo. O empregador tem a faculdade de incluir os empregados domésticos no FGTS, inexistindo, portanto, obrigação legal, mas mera faculdade.

O fato de o FGTS passar a ser facultativo importa dizer que poucos empregadores irão concedê-lo ao doméstico, por inexistir prestação compulsória para o pagamento daquela contribuição social, sendo, portanto, uma obrigação voluntária. Não há inclusive sanção ao empregador doméstico pela não concessão do FGTS ao empregado. Se for aumentado o custo do trabalho doméstico, os empregadores não irão conceder o direito. Verifica-se, na prática, que muitos empregados domésticos não são sequer registrados. Quando o são, o empregador anota na CTPS do empregado importância inferior a de seu real salário, visando ter um custo menor no recolhimento da contribuição previdenciária.

Em razão da crise econômica por que passa o país, poucos empregadores irão querer pagar o FGTS, que pode até implicar a suspensão de postos de trabalho na área, caso aquela contribuição se torne obrigatória para o empregador. Talvez fosse melhor a concessão de um incentivo ao empregador, de poder abater todas as despesas com o doméstico em sua declaração de imposto de renda. Em troca, o FGTS passaria a ser um direito do trabalhador.

Vinculam o § 1º do art. 6º-A e o inciso III do art. 6º-B da Lei nº 5.859 o pagamento do seguro-desemprego ao fato de o empregador ter recolhido o FGTS. São, porém, direitos distintos, tendo cada um finalidade própria. O FGTS objetiva garantir o tempo de serviço do empregado na empresa, podendo ser sacado nas hipóteses previstas no art. 20 da Lei nº 8.036, além de servir para o financiamento do Sistema Financeiro da Habitação. O seguro-desemprego tem por fundamento garantir temporariamente numerário ao trabalhador que está desempregado, por curto espaço de tempo. Caso o empregador não recolha o FGTS, o doméstico não terá direito ao seguro-desemprego, o que se torna injusto, pois o empregado não deu causa a tal ato, mas seu empregador.

Determina o art. 1º do Regulamento que o empregado doméstico pode ser incluído no regime do FGTS mediante requerimento do empregador, a partir da competência março de 2000.

O empregador deverá apresentar a guia do FGTS, devidamente preenchida e assinada, na Caixa Econômica Federal ou na rede arrecadadora a ela conveniada. Efetivado o primeiro depósito na conta vinculada, o empregado doméstico será automaticamente incluído no FGTS (§ 2º do art. 1º do Regulamento).

A inclusão do empregado doméstico no FGTS é irretratável com relação ao respectivo vínculo contratual e sujeita o empregador às obrigações e penalidades previstas na Lei nº 8.036/90 (art. 2º do Regulamento). Não se pode dizer que a inclusão do empregado doméstico no FGTS é irretratável, pois o depósito do FGTS é facultativo e não obrigatório. Assim, nada impede que o empregador deixe de pagar o FGTS no curso do contrato de trabalho, pois a lei não determina penalidades, que só podem ser fixadas por lei e não por decreto. É a aplicação do princípio da legalidade, contido no inciso II do art. 5º da Constituição. Nesse ponto, o decreto é ilegal, por dispor além da norma legal. Efetivado o primeiro depósito, o empregador poderá deixar de fazer outros, pois o regime é facultativo e não há penalidade na lei determinando multa por seu descumprimento. A Lei nº 5.859 também não fixa multa pelo descumprimento de regras de direito material. Em Direito, uma coisa não pode ser e deixar de ser ao mesmo tempo. Ou é ou não é. Não existe meio termo. Assim, não pode ser uma faculdade, que fica à opção do empregador, ou uma obrigação compulsória, em que, a partir do primeiro pagamento, o empregador não pode deixar de depositar o FGTS. Se existe uma faculdade, o empregador deposita o FGTS quando bem entender, até pelo fato de inexistir penalidade pelo descumprimento da norma, justamente por se tratar de faculdade.

Entretanto, se o empregado vem recebendo o FGTS e o empregador para de fazer os depósitos, o primeiro poderá alegar que está sofrendo prejuízo.

A alíquota do FGTS de 8% incidirá sobre a remuneração do empregado. O depósito deverá ser feito até o dia 7 do mês seguinte ao vencido.

Caso o empregador doméstico não pague a obrigação no prazo legal, não deveria haver juros de mora e multa de mora, pois existe mera faculdade de serem feitos os depósitos, e não obrigação compulsória.

A Circular nº 187, de 11-2-2000, da Diretoria de Transferência de Benefícios da Caixa Econômica Federal, estabelece procedimentos pertinentes ao recolhimento dos depósitos do FGTS na conta do empregado doméstico. O empregador doméstico deverá estar inscrito no Cadastro Específico do INSS – CEI, e o empregado, no cadastro do PIS/Pasep ou no Cadastro de Identificação de Contribuição Individual (Cici) do INSS. O empregador doméstico utilizar-se-á da Guia de Recolhimento do FGTS e Informações à Previdência Social (GFIP) avulsa. Para o recolhimento do FGTS sobre as verbas rescisórias, o empregador doméstico usará a Guia de Recolhimento Rescisório do FGTS e Informações à Previdência Social (GRFP).

Havendo dispensa do empregado sem justa causa, será devida a indenização de 40% sobre os depósitos do FGTS, acrescidos de juros e correção monetária, devendo ser depositada na conta do trabalhador. Como a extensão do FGTS é facultativa para o empregado doméstico, a indenização também o será. O Decreto nº 3.361 não faz menção à referida indenização.

Dificilmente a lei será observada, pois o sistema é facultativo. Não há obrigação legal, caso o empregador doméstico não estenda o FGTS ao empregado doméstico, nem multa pelo descumprimento da norma legal.

A maioria dos empregadores domésticos não terá interesse em inscrever o doméstico no FGTS, em razão do aumento do custo com o empregado. Parece que a norma se tornará letra morta para a maioria dos casos.

As empresas têm todo um aparato para fazer a folha de pagamento do empregado, recolher o FGTS e a contribuição previdenciária. O empregador doméstico não tem essa condição, nem conhecimentos específicos de Direito do Trabalho, tendo de se socorrer de um contador ou de uma pessoa especializada no assunto, o que implica custo adicional para o recolhimento do FGTS.

Com o aumento do custo do doméstico e pelo fato de o regime ser facultativo, dificilmente o empregador doméstico vai conceder o FGTS ao doméstico.

Se as empregadas exigirem o depósito do FGTS, poderão ficar sem o emprego, optando o empregador por contratar diaristas ou mesmo ficar sem a empregada, em decorrência do custo adicional que representa. É o que ocorre nos Estados Unidos, em que só determinadas pessoas têm empregadas domésticas, pois o custo é muito alto.

Não terá direito também o doméstico à indenização do art. 477 da CLT (art. 7º, *a*, da CLT), que não é prevista na Lei nº 5.859, ao contrário da previsão da legislação argentina. O legislador constituinte, no Projeto de novembro de 1987, previa o pagamento de indenização ao empregado doméstico, que foi retirado da redação atual do parágrafo único do art. 7º da Constituição.

O art. 3º-A da Lei nº 5.859/72 passava a assegurar ao empregado doméstico o direito ao FGTS. Entretanto, foi vetado pelo presidente da República.

As razões do veto foram:

> "A alteração do art. 3º-A da Lei nº 5.859, de 1972, torna obrigatória a inclusão do empregado doméstico no sistema da Lei nº 8.036, de 1990. Com isso, tem-se não apenas a obrigatoriedade do FGTS como a da multa rescisória de quarenta por cento sobre os depósitos do FGTS, o que acaba

por onerar de forma demasiada o vínculo de trabalho do doméstico, contribuindo para a informalidade e o desemprego, maculando, portanto, a pretensão constitucional de garantia do pleno emprego.

Neste sentido, é necessário realçar que o caráter de prestação de serviços emitentemente familiar, próprio do trabalho doméstico, não se coaduna com a imposição da multa relativa à despedida sem justa causa. De fato, o empregado doméstico é legalmente conceituado 'como aquele que presta serviços de natureza contínua e de finalidade não lucrativa à pessoa ou à família, no âmbito residencial destas' (art. 1º da Lei nº 5.859, de 1972). Desta feita, entende-se que o trabalho doméstico, por sua própria natureza, exige um nível de fidúcia e pessoalidade das partes contratantes muito superior àqueles encerrados nos contratos de trabalho em geral.

Desta feita, qualquer abalo na confiança e respeito entre as partes contratuais, por mais superficial que pareça, pode tornar insustentável a manutenção do vínculo laboral. Assim, parece que a extensão da multa em tela a tal categoria de trabalhadores acaba por não se coadunar com a natureza jurídica e sociológica do vínculo de trabalho doméstico."

Os empregadores domésticos já não registram o empregado doméstico ou então registram por salário inferior ao real, geralmente pelo salário-mínimo. Assim, se fosse instituído mais um encargo para o empregador doméstico, não iria ele regularizar a situação formal de seus empregados. Penso ser acertado o veto.

Continua facultativo o FGTS para o empregador doméstico concedê-lo.

O FGTS pode tornar-se, contudo, um diferencial para a procura por parte da empregada em relação a empregador doméstico que faça os referidos depósitos.

Faltas ao Serviço 11

1 Faltas justificadas

As faltas justificadas são as previstas no art. 473 da CLT, pois embora a CLT não se aplique ao doméstico, a Lei nº 605/49 (repouso semanal remunerado) é observada a esse trabalhador. O § 1º do art. 6º da Lei nº 605/49 faz remissão ao art. 473 da CLT. O empregado, portanto, terá suas faltas justificadas: (a) até dois dias consecutivos, em caso de falecimento do cônjuge, ascendente, descendente, irmão ou pessoa que, declarada em sua CTPS, viva sob a sua dependência econômica; (b) até três dias consecutivos, em virtude de casamento; (c) por um dia, em caso de nascimento de filho, no decorrer da primeira semana; (d) por um dia, em cada 12 meses de trabalho, em caso de doação voluntária de sangue, devidamente comprovada; (e) até dois dias consecutivos ou não, para o fim de se alistar eleitor; (f) no período em que tiver de cumprir as exigências do Serviço Militar, que é apenas o dia do reservista; (g) nos dias em que tiver de prestar exame vestibular para ensino superior; (h) as faltas consideradas justificadas; (i) a paralisação dos serviços nos dias em que, por conveniência do empregador, não tenha havido trabalho; (j) em caso de doença, devidamente comprovada; (k) pelo tempo que se fizer necessário, quando tiver de comparecer em juízo.

2 Licença-paternidade

A licença-paternidade também foi deferida ao empregado doméstico. O inciso XIX do art. 7º da Constituição trata da licença-paternidade, nos termos fixados em lei. Enquanto não for promulgada a referida lei, o parágrafo único do art. 10 do "Ato das Disposições Constitucionais Transitórias" (ADCT) estabelece que o prazo será de cinco dias. Trata-se de direito devido ao empregado doméstico, isto é, ao empregado do sexo masculino, pois a empregada doméstica tem direito ao salário-maternidade.

A Convenção nº 156 da OIT (não ratificada pelo Brasil) e a Recomendação nº 165 da mesma entidade estabelecem que as responsabilidades familiares devem ser divididas pelos cônjuges, de modo que nenhum deles sofra discriminações no trabalho.

A Lei italiana nº 903, de 9-12-77, determina que tanto o pai como a mãe podem se ausentar do trabalho para cuidar dos filhos, de maneira alternada. É devida a licença-paternidade também ao pai adotivo, que toma o lugar da mãe ou tem a responsabilidade integral pela criança. A licença é remunerada por três meses após o nascimento ou a adoção, podendo ser estendida por até seis meses dentro do ano subsequente.

Na Finlândia o pai pode permanecer em casa para cuidar do filho nos 12 primeiros dias após seu nascimento, mediante subsídio previdenciário.

Na França, tanto o pai como a mãe podem ter uma licença para cuidar do filho até dois anos de idade (Lei nº 77.766, de 12-7-1977). Devem ter pelo menos um ano de trabalho na empresa. O pai pode escolher gozar a licença se a mãe não quiser gozá-la ou não tiver direito a ela.

Na Suécia a licença pode atingir 210 dias, sendo devida em relação ao nascimento ou à adoção a ambos os pais. Devem ter trabalhado na mesma empresa pelo menos seis meses antes da licença ou um total de 12 meses nos dois anos precedentes. Durante o período da licença, os pais recebem um subsídio da Previdência Social.

O texto do Projeto B da Constituição Federal previa a concessão de oito dias de descanso remunerado para efeito da licença-paternidade. Ao final, ficou estabelecido no inciso XIX do art. 7º da Constituição: "licença-paternidade, nos termos fixados em lei". Logo, esse benefício, à primeira vista, não seria auto aplicável, pois dependente de lei. O § 1º do art. 10 do ADCT determinou, porém, que, "até que a lei venha a disciplinar o disposto no art. 7º, XIX, da Lei Maior, o prazo da licença-paternidade a que se refere o inciso é de cinco dias". Verifica-se, portanto, que a licença-paternidade é um direito autoaplicável, pois, enquanto inexistir a lei ordinária sobre o assunto, o prazo da referida licença é de cinco dias.

Discute-se se a licença-paternidade é um direito trabalhista do empregado ou um benefício previdenciário. Ainda, se for um direito trabalhista, questiona-se se a licença-paternidade seria remunerada.

Pode ser que, quando for editada a lei ordinária sobre o assunto, esse direito do trabalhador passe a ser um benefício previdenciário, que ficaria a cargo da Seguridade Social, como ocorre com o salário-maternidade. No momento, a licença-paternidade não tem natureza de benefício previdenciário, até porque o citado direito está inserido no Capítulo II (dos "Direitos Sociais") do Título II (dos "Direitos e Garantias Fundamentais") da Constituição, e não no art. 201 da Lei Maior, que versa sobre Previdência Social. Nem mesmo pode ser incluído no inciso II do art. 201 da Norma Ápice, pois este trata da proteção à maternidade, especialmente à gestante, e não de licença-paternidade.

A licença-paternidade apenas é prevista como benefício previdenciário em relação aos servidores públicos, pois o art. 208 da Lei nº 8.112/90 a inclui na Seção V ("Da licença à gestante, à adotante e da licença-paternidade") do Capítulo II ("Dos benefícios") do Título VI, que trata da Seguridade Social do servidor, inclusive determinando o pagamento da licença quando haja adoção de filhos. Em relação à licença-paternidade prevista no inciso XIX do art. 7º da Lei Maior, não há nenhuma determinação legal que estabeleça que tal direito é um benefício previdenciário.

A licença-paternidade, portanto, é um direito trabalhista do obreiro (art. 7º da Constituição). Fica, porém, a pergunta: ela deve ser remunerada?

Arnaldo Sussekind leciona que a licença-paternidade tem natureza salarial (1990, v. 1:429) e que se a licença não fosse remunerada "seria castigo, e não benefício, ao pai" (1990, v. 1:430).

A licença prevista no inciso III do art. 473 da CLT, é remunerada. Se apenas o prazo foi aumentado, a licença-paternidade prevista na Constituição também deve ser remunerada.

Na jurisprudência há acórdão que entendeu dever a licença-paternidade ser remunerada: "Licença-paternidade. Criada com a promulgação da Carta Política de 1988, constitui-se mais uma conquista obreira, considerando-se como licença remunerada" (ac. da 3ª T. do TRT-3ª Região, RO 5.722/90, Rel. Juiz Michel Francisco Melin Abujerli, j. 11-9-91, *Minas Gerais* II, 27-9-91, p. 52, in *Repertório IOB* 21/91, p. 356, ementa 2/5.593).

O inciso XIX do art. 7º da Lei Magna apenas usa a expressão "licença-paternidade", nos termos fixados em lei, que inexiste no momento, mas não versa sobre pagamento. O § 1º do art. 10 do ADCT menciona apenas que o *prazo* da licença-paternidade é de cinco dias, mas também não determina que deve haver pagamento. Ao contrário, o inciso III do art. 473 da CLT reza que o empregado pode deixar de comparecer ao serviço por um dia, em caso de nascimento de filho, "sem prejuízo do salário", mostrando que essa falta é remunerada. Se a Constituição não determina em nenhum dos seus dispositivos indicados supra que a licença-paternidade é remunerada, o empregador não tem obrigação de pagá-la.

O fato de ser a licença-paternidade um direito do empregado não implica que o empregador tenha de remunerá-la. O art. 396 da CLT também estabelece que a empregada tem direito a dois períodos de descanso especiais de meia hora cada um, porém não determina que o empregador tenha que remunerá-los, mostrando que deve apenas concedê-los. Quando o constituinte teve a intenção de dizer que certo pagamento é remunerado, foi expresso, como em relação ao repouso semanal remunerado (art. 7º, XV, da Constituição), pois o repouso nas Constituições de 1934 (art. 121, § 1º, *e*) e de 1937 (art. 137, *d*) não era remunerado e só passou a sê-lo com a Constituição de 1946 (art. 157, VI). Mesmo outros dispositivos constitucionais fazem referência à remuneração, como os incisos VIII (13º salário), IX (trabalho noturno), XI (participação nos lucros desvinculada da remuneração), XVI (adicional de horas extras), XVII (férias), XXIII (adicionais de atividades penosas, insalubres e perigosas) do art. 7º. De outro lado, ninguém é obrigado a fazer ou deixar de fazer algo a não ser em virtude de lei (art. 5º, II, da Constituição). Inexistindo, portanto, determinação constitucional ou legal para pagamento da licença-paternidade, o empregador não é obrigado a remunerá-la; apenas a conceder os dias de licença ao empregado.

Octávio Bueno Magano ensina que se estabeleceu no inciso XIX do art. 7º da Constituição "o direito de ausência justificada ao trabalho, mas, de modo algum, licença remunerada" (1993:235). Dessa forma, não há obrigação legal do empregador de pagar os dias de licença-paternidade do empregado, nem de computá-la como tempo de serviço. Assim, a licença-paternidade vem a ser hipótese de suspensão do contrato de trabalho.

Apenas a falta prevista no inciso III do art. 473 da CLT deve ser remunerada, em razão da expressa previsão da lei nesse sentido, mostrando que aí, sim, estamos diante de hipótese de interrupção do contrato de trabalho, em que há pagamento de salário e contagem de tempo de serviço.

Pouco importa se o pai é ou não casado, pois o § 3º do art. 226 da Constituição protege a união estável entre o homem e a mulher como entidade familiar, independentemente de casamento, não tendo importância se o filho é ou não da constância do casamento (§ 6º do art. 227 da Lei Maior). O inciso XIX do art. 7º da Norma Ápice não estabelece que o pai deva ser casado. Assim, será devida a licença-paternidade tanto ao pai casado como ao solteiro.

E quando a pessoa adota um filho, tem direito à licença-paternidade? Parece que sim, pois é devida pelo fato de ser pai, pouco importa se é pai adotivo ou pai natural, ao contrário da licença-gestante, em que a empregada tem de ter estado na condição de gestação, pois o inciso XVIII do art. 7º da Constituição refere-se à "licença à gestante".

A lei não estabelece, contudo, quando os cinco dias devem ser gozados, ao contrário do inciso III do art. 473 da CLT, que menciona que deverá ser no decorrer da primeira semana de nascimento da criança.

A norma legal deveria ter determinado que no dia do nascimento do filho o pai teria direito de faltar, visando permitir que acompanhasse a mãe ao hospital, dando-lhe, inclusive, apoio; porém, não determinou de forma expressa quando começaria a ser contado o prazo para efeito da licença-paternidade. Parece que o início da contagem do referido prazo seria a partir do parto, a partir do nascimento da criança, ou da sua adoção, interpretação que melhor se compatibiliza com a ideia do constituinte de fazer com que o pai esteja ao lado da mãe quando do nascimento de seu filho, para ajudá-la nesses primeiros dias. No entanto, o empregado não poderá ser prejudicado quanto ao gozo da licença-paternidade pela razão de estar trabalhando no dia do nascimento de seu filho; daí não se poderá falar que, se o trabalhador tivesse trabalhado pela manhã, ficaria liberado no período da tarde para tal finalidade. O mais correto seria que o prazo começasse a correr a partir do dia seguinte ao parto, para que o empregado não tivesse nenhum prejuízo. Assim, os cinco dias em que o empregado poderia faltar seriam contados a partir do primeiro dia após o nascimento da criança.

Os cinco dias da licença-paternidade a serem gozados pelo empregado serão, porém, contínuos, e não dias úteis, pois nada é determinado na Constituição nesse sentido.

Recomenda-se que o empregador remunere a licença-paternidade se tiver dúvida sobre o assunto e não quiser ter problemas com seus empregados, adotando a regra de se aplicar a condição mais favorável ao empregado. Entretanto, se acompanhar o meu entendimento, poderá fazer as mesmas argumentações que fiz e se defender nos tribunais; porém não é possível dizer que tese irá prevalecer, até porque nunca vi a questão sendo debatida nos tribunais.

Discriminação 12

É proibida a adoção de qualquer prática discriminatória e limitativa para efeito de acesso à relação de emprego ou sua manutenção, por motivo de sexo, origem, raça, cor, estado civil, situação familiar ou idade (art. 1º da Lei nº 9.029/95). Constitui crime a exigência de teste, exame, perícia, laudo, atestado, declaração ou qualquer outro procedimento relativo à esterilização ou ao estado de gravidez (art. 2º). O empregador não poderá exigir o atestado, que implica coação, mas poderá solicitá-lo, ficando a cargo da empregada apresentá-lo ou não. O rompimento da relação de trabalho por ato discriminatório faculta ao empregado optar entre: (a) a readmissão com ressarcimento integral de todo o período de afastamento, mediante pagamento das remunerações devidas, corrigidas monetariamente, acrescidas dos juros legais; (b) a percepção, em dobro, da remuneração do período de afastamento, corrigida monetariamente e acrescida dos juros legais. A referida norma trata de empregado num sentido genérico, incluindo qualquer empregado, inclusive o doméstico, que também não poderá ser discriminado.

Jornada de Trabalho 13

1 Conceitos

Jornada de trabalho é a quantidade de trabalho diário do empregado. Exemplo: 6 horas, 8 horas etc.

Horário de trabalho é o espaço de tempo em que o empregado presta serviços ao empregador, contado do momento em que se inicia até seu término, não se computando, porém, o tempo de intervalo. Exemplo de horário de trabalho: das 9 às 12 horas e das 13 às 18 horas.

A duração do trabalho tem aspecto mais amplo, que pode compreender as férias e o descanso semanal remunerado.

2 Horas extras

Horas extras são as prestadas além do horário contratual, legal ou normativo, que devem ser remuneradas com o adicional respectivo.

O inciso XIII do art. 7º da Constituição dispõe que a duração do trabalho é de 8 horas diárias e 44 semanais.

No que diz respeito à jornada de trabalho, o doméstico pode trabalhar mais de oito horas diárias e 44 semanais, pois não se lhe aplica o inciso XIII do art. 7º da Constituição nem o adicional previsto no inciso XVI (parágrafo único do art. 7º da Lei Maior). Dessa forma, o doméstico pode trabalhar além do referido horário, sem que haja obrigatoriedade de pagamento de horas extras. Terá direito apenas ao repouso semanal remunerado, de preferência aos domingos, que, se não for concedido, ainda que em outro dia, deverá ser pago em dobro. Muitas vezes o empregado doméstico não tem horário para trabalhar, tanto podendo trabalhar muito como trabalhar pouco, dependendo da realização do serviço que fará, sendo que nem sequer há controle de entrada e de saída no serviço. Outras vezes o empregador nem sequer está na residência e, dada a confiança existente entre as partes, o empregado doméstico desenvolve sua atividade como quer. Em muitos casos o empregado doméstico reside no próprio local de trabalho, na residência do empregador, podendo trabalhar a qualquer hora.

A jornada de trabalho do doméstico não é legalmente tipificada, nem mesmo a Constituição trata do tema.

José Serson afirma que

> "o salário-mínimo é fixado para 220 horas de trabalho por mês; na hipótese da doméstica servir em número maior de horas, cabe o pagamento da diferença, embora sem adicional extra, porque a Constituição Federal não lhe estende o sistema de duração da jornada; assim, se ela trabalha 88 horas por semana, deve ganhar pelo menos o dobro do mínimo, porque este é dimensionado para 44; da mesma forma, se trabalha só 22 horas por semana, poderá receber a metade do mínimo" (1997:436).

Discordo no que diz respeito ao pagamento de diferença de horas caso o doméstico trabalhe mais de 44 horas semanais ou 220 horas mensais, pois o empregado doméstico não foi aquinhoado com a jornada de trabalho prevista na Constituição nem, à primeira vista, ganha por hora, razão pela qual se prestar horas extras nada receberá, por falta de previsão legal. O inciso XVI do art. 7º da Constituição também não se aplica ao doméstico, pois o parágrafo único do art. 7º da Lei Maior não lhe faz referência. Assim, não faz jus o empregado doméstico a horas extras, nem a adicional de horas extras, como se verifica também na jurisprudência:

> "Doméstico – Horas extras. O empregado doméstico não faz jus a horas suplementares, eis que estas não constam do elenco de direitos taxativamente assegurados à categoria pela Constituição Federal de 1988" (ac. un. da 3ª T. do TRT-9ª Região, RO 7.926/93, Rel. Juiz João Oreste Dalazen, j. 15-6-94, *DJPR*, 2-9-94, p. 271).

O fato de o inciso XVI do art. 7º não ser aplicável ao doméstico mostra também que este pode fazer horas suplementares, porém, não terá qualquer remuneração, por falta de previsão legal nesse sentido.

Como a CLT não se aplica ao doméstico (art. 7º, *a*), este não faz jus a intervalo durante a jornada de pelo menos uma hora (art. 71), nem ao intervalo de 11 horas entre uma jornada e outra (art. 66 da CLT), apenas ao repouso semanal remunerado (art. 7º, XV, da Constituição). O ideal é que o empregador conceda um intervalo razoável ao doméstico para que esse possa fazer suas refeições, sem que haja uma prefixação quanto ao número de horas ou minutos para esse fim.

3 Adicional noturno

O trabalho noturno do empregado urbano é considerado o que for realizado entre as 22 e as 5 horas (§ 2º do art. 73 da CLT). O adicional noturno é de 20% (art. 73 da CLT). A hora noturna é reduzida para 52 minutos e 30 segundos (§ 1º do art. 73).

O empregado rural tem considerado como hora noturna o período trabalhado das 21 às 5 horas na lavoura e entre as 20 e as 4 horas na pecuária (art. 7º da Lei nº 5.889/73). O trabalho noturno é pago com o adicional de 25% (parágrafo único do art. 7º da Lei nº 5.889/73). Não tem direito o empregado rural à hora noturna reduzida, justamente porque o porcentual do adicional é maior do que o do empregado urbano.

Não faz jus, porém, o doméstico ao adicional noturno ou à hora noturna reduzida, pois o parágrafo único do art. 7º da Constituição não faz remissão ao inciso IX da mesma norma, nem a CLT é aplicada ao doméstico (art. 7º, *a*). Assim, o empregado doméstico poderá trabalhar das 22 às 5 horas, mas não terá direito ao adicional noturno. Na jurisprudência a orientação é a mesma:

> "Empregado doméstico. O parágrafo único do art. 7º da Constituição de 1988 não estendeu a essa categoria o direito ao adicional noturno" (ac. un. do TRT-8ª Região, RO 2.109/89, Rel. Juíza Semíramis Ferreira, j. 6-3-90, *DJPA*, 5-4-90, p. 16).

É sabido que certos empregados domésticos trabalham depois das 22 horas, como enfermeiros, *baby sitters* e outros. Normalmente, tem sido ajustado um valor maior pelo trabalho noturno em relação ao diurno, não sendo obrigatório o pagamento de adicional noturno e a observância da hora noturna reduzida, pelo fato de que a CLT não se aplica ao doméstico.

Repouso Semanal Remunerado   14

1 Conceito

O repouso semanal remunerado é o período em que o empregado deixa de prestar serviços uma vez por semana ao empregador, de preferência aos domingos, e nos feriados, mas percebendo remuneração. Compreende um período de 24 horas consecutivas.

Deve ser remunerado o repouso semanal, tendo natureza salarial.

O empregado deve poder descansar uma vez por semana, justamente para poder recuperar as energias gastas durante a semana de trabalho.

Deve o empregado também ter a possibilidade de convivência com a família, a sociedade e até ter seu lazer.

A não concessão do repouso pode importar diminuição do rendimento no trabalho.

2 Repouso

A alínea *a* do art. 5º da Lei nº 605/49, que trata do repouso semanal remunerado, era expressa no sentido de excluir o empregado doméstico de suas determinações. Assim, o empregado doméstico não fazia jus ao repouso semanal remunerado.

A Constituição de 1988 corrigiu essa anomalia, determinando o "repouso semanal remunerado, preferencialmente aos domingos" (art. 7º, XV, c/c o parágrafo único do mesmo artigo). Passa, portanto, o empregado doméstico a fazer jus ao repouso semanal remunerado.

É possível, assim, dizer que a alínea *a* do art. 5º da Lei nº 605/49 foi derrogada pela Constituição de 1988, pois o doméstico passou a ter direito ao repouso semanal remunerado. Caso não se aplique a Lei nº 605/49 ao doméstico, não há como operacionalizar o direito ao repouso semanal.

Menciona expressamente a Constituição que o repouso semanal será remunerado. O empregado doméstico terá direito, também, a essa remuneração, mesmo não trabalhando. Ocorre que, para o doméstico ter direito ao repouso semanal, não poderá ter tido nenhuma falta durante a semana, nem ter chegado atrasado.

Com a revogação da alínea *a* do art. 5º da Lei nº 605/49, a Lei nº 605 é aplicável ao doméstico. A referida lei passa a ser observada integralmente ao doméstico, tanto em relação ao repouso semanal remunerado, como já era a partir da vigência da Constituição de 1988 (art. 7º, XV), quanto ao trabalho nos domingos e feriados ser devido em dobro, se não houver folga compensatória.

A própria Constituição explicita que o repouso semanal será de preferência aos domingos. Isso quer dizer que o repouso pode ser concedido em outro dia, na hipótese de o empregado trabalhar no domingo. Caso o empregado doméstico trabalhe no domingo, terá direito ao pagamento em dobro, se não tiver folga compensatória. A jurisprudência entende da mesma forma: "os empregados domésticos devem receber, em dobro, pelo trabalho realizado aos domingos, em feriados e dias santificados, embora a Carta de 1988 não se refira de modo expresso a estes últimos. O objetivo do legislador constituinte foi estender-lhes também o descanso em feriados" (TRT-3ª Região, RO 3.159/95, Ac. 2ª T, j. 18-4-95, Rel. Juíza Alice Monteiro de Barros, in *LTr* 59-08/1067).

Recebendo o doméstico por mês ou quinzena, já tem o repouso semanal incorporado a sua remuneração, conforme se depreende do § 2º do art. 7º da Lei nº 605/49.

Caso o doméstico ganhe por dia ou por semana, deve haver o pagamento destacado do repouso semanal remunerado.

O repouso semanal do doméstico que não trabalha todos os dias da semana será calculado proporcionalmente aos dias trabalhados. Os que trabalham por hora terão o repouso calculado à razão de sua jornada normal de trabalho (art. 7º, *b*, da Lei nº 605/49).

Para que o doméstico tenha direito ao repouso semanal remunerado, deverá ter: (a) pontualidade durante os dias imediatamente anteriores ao repouso. Logo, não pode ter chegado atrasado em nenhum dia da semana; (b) assiduidade: não poderá, portanto, ter faltado em nenhum dia da semana.

Caso os requisitos anteriores não sejam observados, o empregado terá direito ao repouso semanal, mas ele não será remunerado pelo empregador.

O empregado doméstico passa a ter direito a remuneração dos feriados religiosos. Se ganha por mês, os feriados já estão compreendidos no pagamento, assim como os domingos (§ 2º do art. 7º da Lei nº 605/49).

Passa a ser aplicável a orientação da Súmula 146 do TST, em que o trabalho prestado em domingos e feriados, não compensado, deve ser pago em dobro, sem prejuízo da remuneração relativa ao repouso semanal.

Férias   15

1 Conceito

Férias vem do latim *feria*, de dias feriales. Eram dias em que havia a suspensão do trabalho. Para os romanos, férias são seus dias de festas.

Férias são o período do contrato de trabalho em que o empregado não presta serviços, mas aufere remuneração do empregador, após ter adquirido o direito no decurso de 12 meses. Visam, portanto, as férias à restauração do organismo após um período em que foram despendidas energias no trabalho.

2 Férias

O art. 2º da Lei nº 5.859 já previa que o empregado doméstico teria direito a férias anuais remuneradas de 20 dias úteis após cada período de 12 meses de trabalho prestado à mesma pessoa ou família.

O inciso XVII do art. 7º da Constituição, c/c o parágrafo único do mesmo artigo, assegurou também ao doméstico "gozo de férias anuais remuneradas com, pelo menos, 1/3 a mais do que o salário normal".

Inexiste dúvida, porém, de que o empregado doméstico tem direito ao terço constitucional de férias, pois o inciso XVII do art. 7º da Lei Magna é expresso nesse sentido. Assim, tendo o doméstico direito a férias, fará jus ao acréscimo de 1/3. A Súmula 328 do TST estabeleceu que o pagamento das férias, gozadas ou não, na vigência da Constituição da República de 1988, sujeita-se ao acréscimo do terço previsto no inciso XVII do art. 7º.

Quanto ao número de dias de férias a que faz jus o doméstico é que a questão era polêmica. Na jurisprudência há orientações em dois sentidos:

> "Domésticos – Férias. A Constituição promulgada em 1988 equiparou os domésticos aos demais empregados relativamente ao direito de férias, assegurando-lhes, pois, a partir de sua vigência, férias anuais de 30 dias, possibilitando a dobra e a proporcionalidade das mesmas" (ac. un. da 1ª T. do TRT-9ª Região, RO 3.989/89, Rel. Juiz Matias Alenor Martins, j. 24-7-90, *DJPR*, 31-8-90, p. 150).

> "Empregada doméstica – Férias proporcionais – A empregada doméstica tem direito tão somente a 20 dias de férias anuais, não lhe sendo devidas férias proporcionais – Interpretação do art. 3º da Lei nº 5.859/72 e Decreto nº 71.885/73. – Recurso a que se nega provimento" (ac. un. da 2ª T. do TRT-4ª Região, RO 43/89, Rel. Juiz Vitorino Antônio Cava, j. 8-3-90, in *Repertório IOB de Jurisprudência* 20/90, ementa 2/4.299, p. 320).

O inciso XVII do art. 7º da Constituição não fixa o número de dias das férias, apenas prevê o pagamento do terço constitucional, sendo que tal número fica a cargo da legislação ordinária. O art. 3º da Lei nº 5.859/72 estabelece o direito a férias anuais remuneradas de 20 dias úteis.

O Decreto-lei nº 1.535, de 13-4-1977, deu nova redação a todo o capítulo da CLT que trata de férias, alterando inclusive o número de dias de férias de 20 dias úteis para 30 dias corridos (art. 130 da CLT). Contudo, não houve alteração da Lei nº 5.859 quanto a tal aspecto, que continuava prevendo 20 dias úteis de férias aos domésticos, e dessa forma é que devem ser pagas as férias destes. Mesmo após a vigência da atual Constituição, o empregado doméstico fazia jus a 20 dias úteis de férias, porque a Lei Maior não fixa o número de dias de férias e a Lei nº 5.859 determina que são 20 dias úteis, não sendo o caso de se aplicar a CLT. O art. 6º do Decreto nº 71.885 também dispõe que as férias do doméstico serão de 20 dias úteis.

O doméstico passa a ter direito a férias de 30 dias corridos (art. 3º da Lei nº 5.859/72, com a redação da Lei nº 11.324/06), com o acréscimo de um terço.

O período aquisitivo de férias de 30 dias corridos passa a ser contado a partir da data da publicação da Lei nº 11.324, ou seja, 20 de julho de 2006. A lei não poderia ter efeito retroativo.

Na prática, muitos empregadores domésticos já concediam férias de 30 dias corridos ao doméstico, justamente para serem evitadas dúvidas.

Fica derrogado o art. 3.3 da Convenção nº 132 da OIT no ponto em que se faz referência ao fato de que as férias do empregado serão de pelo menos 21 dias, pois a alteração no art. 3º da Lei nº 5.859/72 é mais favorável ao doméstico. A lei posterior modifica a anterior, que disponha em sentido contrário.

As férias serão gozadas em dias úteis, e não em dias corridos. O terço constitucional será calculado sobre a remuneração dos 30 dias. Os 30 dias de férias serão calculados independentemente de o empregado doméstico ter faltado ao serviço, não se lhe aplicando a regra dos incisos do art. 130 da CLT. Mesmo tendo faltado ao serviço, suas férias serão integrais.

O empregador doméstico não terá de pagar os domingos intercorrentes do período de férias, pois se concede 30 dias, paga apenas os dias de segunda a sexta-feira, sem remunerar o domingo. Se os feriados caírem fora dos dias úteis, também terão de ser remunerados. Do contrário, já estarão compreendidos nos dias úteis de férias concedidos.

A empregada doméstica diarista, que trabalha poucos dias por semana ou até um dia, tem também direito a férias de 30 dias. Mesmo não trabalhando todos os dias da semana, fará jus às referidas férias. Deveria a lei especificar as férias proporcionalmente aos dias trabalhados, como ocorre com o trabalho a tempo parcial. Concedidos os 30 dias, o empregado doméstico não irá provavelmente trabalhar um dia em cada semana do mês de férias, no caso de trabalhar, por exemplo, um dia por semana, que corresponderia aos 30 dias de férias.

Conceder 30 dias corridos de férias compreende os domingos e feriados, não havendo necessidade de remunerar à parte estes últimos (Súmula 147 do TST).

O empregador deverá conceder as férias nos 12 meses seguintes ao término do período aquisitivo. O art. 3º da Lei nº 5.859 é expresso no sentido de que o empregado doméstico terá direito a férias anuais remuneradas após o período de 12 meses de trabalho. Se o empregado começou a trabalhar em 1º-1-08, o período aquisitivo termina em 31-12-08. As férias deverão ser concedidas no período de 1º-1-2009 a 31-12-2009.

Concedidas as férias, deve o empregador anotar o período correspondente na CTPS do empregado.

Dúvidas também existem quanto a ser ou não devido o pagamento de férias proporcionais ao doméstico. Existem acórdãos num sentido e em outro:

> "Férias proporcionais – Empregado doméstico. O art. 2º do Decreto nº 71.885/73, embora tenha determinado que o capítulo referente a férias da CLT fosse aplicável aos trabalhadores domésticos, o fez sem ter qualificação para tanto. A Lei nº 5.859/72 concedeu apenas o direito a 20 dias úteis de férias após 12 meses de trabalho, sem nada mencionar acerca de férias proporcionais. O decreto regulamentador não pode ir além da lei para conceder direitos não previstos por esta" (ac. un. da 4ª T. do TST, RR 103.320/94-4-4ª Região, Min. Galba Velloso, j. 10-8-94, *DJU*, 16-9-94, p. 24.522).

> "O empregado doméstico faz jus às férias proporcionais. Embora os direitos trabalhistas da categoria estejam taxativamente contemplados na Lei nº 5.859/72 e na Constituição Federal, aplica-se o art. 147 da CLT, por

analogia, no particular, porquanto se a lei e a Constituição asseguram o mais – férias anuais integrais –, com muito maior razão asseguram também o menos: férias proporcionais. Há que dar prevalência ao princípio da razoabilidade e da consideração de que a generalidade da lei não consegue abarcar a riquíssima e vasta gama de situações que emergem da sociedade. Ademais, a vedação de aplicação da CLT aos domésticos há de ser entendida em termos, sob pena de chegar-se ao extremo de os integrantes da categoria não se sujeitarem também à justa causa ou à prescrição. Recurso de revista da Reclamada de que se conhece e a que se nega provimento, no particular" (TST, 1ª T., RR 462.641/98.5, j. 4-2-04, Red. Design. Min. João Oreste Dalazen. *LTr* 68-5/608).

O doméstico não tem direito a férias proporcionais, pois o art. 3º da Lei nº 5.859 menciona que o direito a férias ocorre após cada período de 12 meses de trabalho, o que quer dizer que, tendo menos de 12 meses de trabalho, o empregado doméstico não faz jus a férias proporcionais. O art. 2º do Decreto nº 71.885, de 9-3-73, não poderia ir além da lei e dizer que o capítulo de férias se aplica ao doméstico, pois a Lei nº 5.859 nada menciona sobre o tema. Logo, tal artigo é nulo nesse aspecto, por ir além do previsto em lei. Como a alínea *a* do art. 7º da CLT estabelece que os dispositivos consolidados não se aplicam ao doméstico, nem a Constituição trata do tema, não há direito a férias proporcionais em relação a tal trabalhador. Da mesma forma decidiu a SDI do TST:

"Não são devidas férias proporcionais aos empregados domésticos, posto que inaplicável à hipótese o princípio da isonomia, pois abarcaria ali também a garantia de todos os direitos assegurados aos trabalhadores de outras categorias, levando a cabo a generalização, que, à época, evidentemente, não estava na intenção do legislador que já 'avançara' algumas concessões ao doméstico. O decreto regulamentador (71.885/73), ainda que o quisesse, não tinha qualificação para ir além do limite da lei. Embargos conhecidos e não providos" (TST, ERR 4.801/87-4, ac. SDI 1.512/90-1-4ª Região, Rel. design. Min. José Luiz Vasconcellos, *DJU*, 12-5-91, p. 4.227).

"Empregada doméstica. Férias proporcionais e terço constitucional. Mesmo após a promulgação da Constituição Federal de 1988, que em seu art. 7º, parágrafo único, assegura à categoria dos trabalhadores domésticos o direito previsto no inciso XVII do mesmo artigo (férias anuais remuneradas com, pelo menos, um terço a mais que o salário normal), esta Corte tem entendido que devem ser observados os termos da Lei nº 5.859/72 e, não, o capítulo da CLT referente às férias. E aquele diploma legal, por sua vez, não prevê o direito a férias proporcionais para a categoria dos domésticos. Recurso de revista conhecido e provido" (TST, SBDI-1, RR 474.135/98.8-6 R, j. 15-8-01, Rel. Min. Ríder Nogueira de Brito, *DJU* 1, 14-9-01, p. 569).

Tendo o doméstico menos de 12 meses de emprego e pedindo demissão, tem direito às férias proporcionais (Súmula 261 do TST). Havendo dispensa com justa causa o empregado perde o direito às férias proporcionais.

O art. 11 da Convenção nº 132 da OIT fica derrogado pela Lei nº 11.324, pois previa o direito às férias proporcionais, inclusive indenizadas em relação a período não gozado, mesmo que o empregado pedisse demissão e tivesse menos de um ano de casa ou fosse dispensado com justa causa. A Lei nº 11.324, por ser mais recente, revoga a legislação anterior que lhe for incompatível.

Em caso de culpa recíproca para a rescisão do contrato de trabalho, o TST entende que o empregado tem direito a metade do valor das férias (Súmula 14).

Outra questão é a pertinente às férias em dobro, isto é, pagamento em dobro caso as férias não sejam concedidas dentro do período concessivo. Na jurisprudência são vistos os dois pontos de vista:

> "Férias em dobro – Trabalhador doméstico. O art. 7º, inciso XVII, da CF assegura ao trabalhador doméstico o gozo de férias a mais e determina o pagamento de um acréscimo inerente ao próprio direito, mas não impõe nenhuma penalidade ao empregador. Permanecem, *in casu*, as limitações previstas pelo art. 7º, *a*, da CLT. Revista desprovida" (ac. un. da 1ª T. do TST, RR 97.967/93.-7-2ª Região, Rel. Min. Ursulino Santos, j. 10-5-94, *DJU*, 10-6-94, p. 14.936).

> "Tanto a Lei nº 5.859/72 (art. 3º) como o Decreto nº 71.885/73 (art. 6º), que a regulamentou, dispõem que serão de 20 dias as férias dos domésticos, após 12 meses de trabalho contínuo. É evidente que existirão situações que não podem ser abrigadas dentro de tal sucinta disposição legal, sendo esta a razão pela qual o legislador determinou a aplicação das disposições celetistas na questão das férias do doméstico (art. 2º do referido decreto). Desta forma, ressalvada a duração, abre-se ensejo para que se busque na CLT o respaldo para o julgador, diante do caso concreto, poder prestar a tutela jurisdicional que a norma principal e omissa não escora. É nesta esteira que este colendo Tribunal tem deferido férias proporcionais ao doméstico (TST, RR 8.666/85-2, ac. da 2ª T. nº 1.128/86, BS). Assim, no silêncio das disposições especiais e possibilitada a aplicação subsidiária da CLT, é jurídica, pois inteiramente razoável, a posição embargada, que entendeu cabível o pagamento dobrado das férias não gozadas no momento oportuno, ao empregado doméstico, pois seria deficiente e incompleta a tutela jurisdicional que observasse apenas a norma especial, que não engloba a hipótese posta à apreciação desta Justiça. Embargos conhecidos e rejeitados" (ac. un. do TST, Pleno, ERR 2.396/83, Rel. Min. Norberto Silveira de Souza, *DJU*, 11-8-89, p. 12.999).

Não faz jus o doméstico a férias em dobro, mesmo se elas forem concedidas fora do período concessivo, pois o art. 137 da CLT, que trata do pagamento em dobro, não se observa em relação ao doméstico (art. 7º, a, da CLT). As penalidades devem ser interpretadas restritivamente.

As demais disposições relativas a férias também não se aplicam ao doméstico, pois a Lei nº 5.859 trata do assunto e não faz remissão à CLT, sendo exaustiva sobre o tema. Assim, o empregado doméstico não poderá vender dez dias de suas férias, justamente porque não há essa previsão na Lei nº 5.859, que é a lei especial sobre o tema. O empregador é que irá fixar a época da sua concessão, conforme preconiza o art. 6º do Decreto nº 71.885.

A CLT dispõe que o empregado deve ser avisado com 30 dias de antecedência da concessão de suas férias. Como a CLT não se aplica ao doméstico, não precisa ser observado o referido prazo. Entretanto, é razoável que o doméstico seja pré-avisado da concessão da época de suas férias para que possa programá-las.

As férias do doméstico podem ser fracionadas, pois inexiste proibição nesse sentido e a CLT não se observa ao doméstico. Poderiam as férias, assim, ser concedidas em períodos de menos de dez dias, e em mais de dois períodos. Aos menores de 18 anos e maiores de 50 anos, as férias também poderão ser concedidas em mais de um período. Os membros de uma mesma família que trabalhem como empregados domésticos não terão direito de gozar suas férias num mesmo período, podendo o empregador doméstico determinar o que lhe for mais conveniente. O empregado estudante, menor de 18 anos, não terá direito de fazer coincidir suas férias com as férias escolares. Ao empregado doméstico também não serão aplicáveis as férias coletivas, pois o empregador doméstico não é empresa, nem se lhe observa a CLT.

A doméstica terá direito a férias, mesmo que faça jus a licença-maternidade. Havendo coincidência entre a licença-maternidade e o término do período concessivo de férias, estas deverão ser concedidas à empregada doméstica logo após a volta da licença.

Não há previsão também da data em que o empregado deva receber suas férias. Para o empregado comum, as férias são pagas até dois dias antes do início do período concessivo (art. 145 da CLT). Para o empregado doméstico este prazo não tem de ser observado, pois a CLT não se aplica ao doméstico (art. 7º, a, da CLT). Assim, não há prazo específico para o pagamento das férias do doméstico. É razoável, porém, se utilizar do prazo de dois dias contido na CLT, de modo que o doméstico possa sair em férias com o dinheiro necessário para esse fim.

3 Convenção nº 132 da OIT e as férias do doméstico

A Convenção nº 132 da OIT foi aprovada pelo Decreto Legislativo nº 47, de 23-9-81, e promulgada pelo Decreto nº 3.197, de 5-10-99. Tem natureza de lei ordinária federal, revogando disposições em sentido contrário.

Aplica-se a Convenção nº 132 a todas as pessoas empregadas, à exceção dos marítimos (art. 2º).

Determina o art. 2.2 da Convenção nº 132 que o país poderá optar pela exclusão de determinadas categorias profissionais. A parte final do art. 1º do Decreto nº 3.197 não excluiu qualquer categoria de trabalhadores da aplicação da Convenção nº 132, pois determinou que a norma internacional será executada inteiramente de acordo com seus preceitos. Assim, a referida norma internacional aplica-se a empregados urbanos, rurais, domésticos.

Prescreve o art. 5.1 da Convenção nº 132 que um período mínimo de serviço poderá ser exigido para a obtenção de direito a um período de férias remuneradas anuais. Cabe à autoridade competente e ao órgão apropriado do país interessado fixar a duração mínima de tal período de serviço, que não deverá em caso algum ultrapassar seis meses (art. 5.2).

Determina o inciso XVII do art. 7º dessa norma o gozo de férias anuais remuneradas. A Lei Maior não fixa o período aquisitivo, mas estabelece que as férias serão concedidas a cada ano. Cabe à lei ordinária, portanto, definir o que é o período aquisitivo para efeito de férias.

Em diversas passagens dos artigos da Convenção nº 132, nota-se que a norma internacional faz referência a várias expressões e não que o período aquisitivo seria de seis meses.

Emprega o art. 3.3 a expressão *por um ano de serviço*.

Utiliza o art. 4.1 da norma internacional a expressão *no curso de um ano determinado*. Ainda é empregada a expressão *nesse ano*. Para os fins do art. 4º a palavra *ano* significa ano civil ou qualquer outro período de igual duração fixado pela autoridade ou órgão apropriado do país interessado (art. 4.2).

O art. 5.1 refere-se a *período mínimo* e não máximo para férias remuneradas anuais. Menciona, ainda, a expressão *férias remuneradas anuais*. Seria possível afirmar que o período mínimo é de seis meses e o máximo é de um ano?

Estabelece o art. 9.1 que as férias devem ser gozadas dentro de *no máximo um ano*. Usa, ainda, a expressão *férias anuais remuneradas*.

Determina o art. 11 da norma internacional um *período mínimo* de serviços que *pode* ser exigido. Não se usa o verbo *dever*, no imperativo, ou seja, deve um período mínimo ser exigido. Isso indica que cada país pode estabelecer um período aquisitivo de férias diferenciado, que não será necessariamente de seis meses, mas de um ano, como ocorre com o nosso sistema.

Com base no art. 5.2, pode-se asseverar caber à autoridade competente e ao órgão apropriado do país fixar a duração mínima. No Brasil, ela é de um ano. Entretanto, em caso algum poderá ultrapassar seis meses, segundo a norma internacional. O dispositivo ainda é imperativo, no sentido de que não *deverá* em caso algum ultrapassar seis meses. Se a norma internacional assim não entendesse, deveria usar a expressão que a norma interna de cada país poderia empregar outro período, porém não o fez.

Os dispositivos mencionados são contraditórios, pois ora se afirma *férias anuais remuneradas*, um ano e *em caso algum deverá ultrapassar seis meses*.

A melhor solução não pode ser a interpretação literal, mas a sistemática.

É absurdo falar em férias anuais e período aquisitivo de seis meses. A referência a seis meses como período aquisitivo indica que a expressão empregada na norma internacional é imprópria, inadequada. Assim, é preferível a interpretação que resulte válida a norma no seu conjunto, sem que existam antagonismos.

Impossível também falar que as férias serão concedidas a cada período de seis meses, se elas são anuais, como mostram vários dispositivos da Convenção nº 132 da OIT. Se elas são anuais, concedidas a cada ano de serviço, não podem ter período aquisitivo de seis meses. O próprio inciso XVII do art. 7º da Constituição menciona que as férias são anuais. Logo, o período aquisitivo não pode ser de seis meses.

A maneira de compatibilizar a interpretação da norma internacional é no sentido de que cada país pode fixar o período aquisitivo, que no caso do Brasil é de um ano. Em relação à cessação do contrato de trabalho, o empregado terá direito a férias proporcionais indenizadas desde que tenha mais de seis meses de emprego (art. 5.2). Não se pode dizer, porém, que o período aquisitivo é de seis meses. É o resultado da interpretação sistemática da Convenção nº 132 da OIT, especialmente da combinação do art. 5.2 com o art. 11 da norma internacional.

Prevê o art. 5.4 da Convenção nº 132 que as faltas ao trabalho por motivos independentes da vontade individual da pessoa empregada interessada, tais como faltas devidas a doenças, a acidente, ou a licença para gestantes, não poderão ser computadas como parte das férias remuneradas anuais mínimas. A referência do dispositivo é exemplificativa e não taxativa, pois usa a expressão *tais como*, indicando apenas doenças, acidente e licença da gestante, mas não impede que a legislação estabeleça outras.

O tempo em que o empregado está afastado por doença ou acidente não pode ser considerado como férias, pois não proporciona descanso e lazer ao empregado.

Determina o art. 6.1 da Convenção nº 132 da OIT que os dias feriados oficiais ou costumeiros, quer se situem ou não dentro do período de férias anuais, não serão computados como parte do período de férias anuais de no mínimo três semanas.

Assim, os feriados que incidirem no curso das férias serão excluídos do respectivo período de três semanas. Não são, portanto, considerados como dias de férias.

Os feriados oficiais são 1º de janeiro, 21 de abril, 1º de maio, 7 de setembro, 12 de outubro, 2 de novembro, 15 de novembro, 25 de dezembro e o dia das eleições. Feriado estadual é a data magna do Estado fixada em lei estadual. Os feriados municipais são a sexta-feira da Paixão (antes do domingo de Páscoa), Corpus

Christi, e dia da fundação do Município. Passam também a ser considerados os feriados costumeiros, que não são previstos em lei, mas gozados na prática, como a terça-feira de Carnaval.

Em princípio, pela redação do art. 6.1 da norma internacional, seria possível pensar que apenas os feriados previstos no período de três semanas é que não seriam computados nas férias. Se o país concede período de férias além de três semanas, como no caso brasileiro, de 30 dias, deveriam os feriados intercorrentes no período ser acrescidos ao final das férias. Entretanto, nossa legislação trabalhista não trata do tema. A interpretação sistemática da Convenção nº 132 da OIT leva o intérprete a considerar que apenas em relação ao período mínimo de férias anuais de três semanas é que haverá a exclusão dos feriados oficiais ou costumeiros.

Os domésticos também passam a ter direito a não computar os feriados em suas férias, pois a Convenção nº 132 da OIT não faz qualquer ressalva nesse sentido. A Convenção nº 132 é posterior às Leis nºˢ 605/49 e 5.859/72. Prevalece, portanto, a legislação posterior sobre a anterior, quando a primeira não faz distinção quanto a qualquer tipo de trabalhador, a não ser o marítimo. Entretanto, os domésticos podem trabalhar nos feriados sem pagamento em dobro, pois a alínea a, do art. 5º da Lei nº 605/49, exclui esses trabalhadores de suas disposições. A exceção diz respeito ao repouso semanal remunerado, que é assegurado no inciso XV do art. 7º da Constituição.

Os períodos de incapacidade, decorrentes de doença ou acidente do empregado, não serão considerados para efeito das férias. Se as férias tiverem início e o empregado ficar doente ou sofrer acidente, serão elas suspensas, pois o empregado não poderá repousar ou se divertir. Não podem, portanto, os referidos dias ser computados para efeito de férias. Mostra-se com isso derrogado o art. 130 da CLT, quando faz referência a dias corridos.

A ocasião em que as férias serão gozadas será determinada pelo empregador após consulta à pessoa empregada interessada em questão ou seus representantes, a menos que seja fixada por regulamento, acordo coletivo, sentença arbitral ou qualquer outra maneira conforme a prática nacional (art. 10.1 da Convenção nº 132). Para fixar a ocasião do período de gozo de férias, serão levadas em conta as necessidades de trabalho e as possibilidades de repouso e diversão ao alcance da pessoa empregada (art. 10.2).

Com base nos arts. 10.1 e 10.2 da norma internacional, passam a ser requisitos para a determinação da época das férias:

a) necessidade de trabalho, o que depende do interesse do empregador;
b) consulta prévia ao empregado, feita pelo empregador, salvo se existir regulamento, acordo coletivo, sentença arbitral ou qualquer outra forma, de acordo com a prática nacional;
c) possibilidade de repouso e diversão para o empregado.

Deverão ser conjugados os três fatores mencionados para que o empregador possa determinar a época das férias. O empregado também deverá ter possibilidade de repouso e diversão, porque, do contrário, as férias não deverão ser concedidas.

O fracionamento do período de férias anuais remuneradas pode ser autorizado pela autoridade competente ou pelo órgão apropriado de cada país (art. 8.1 da Convenção nº 132 da OIT).

Salvo estipulação em contrário contida em acordo que vincule o empregador e a pessoa empregada em questão, e desde que a duração do serviço desta pessoa lhe dê direito a tal período de férias, uma das frações do referido período deverá corresponder pelo menos a duas semanas de trabalho ininterruptas (art. 8.2 da Convenção nº 132 da OIT).

Dessa forma, o fracionamento das férias deverá conter pelo menos duas semanas de trabalho (art. 8.2 da Convenção nº 132) ou 14 dias. Agora, o fracionamento será de pelo menos 14 dias, inclusive para o doméstico.

A parte ininterrupta do período de férias anuais remuneradas mencionada no art. 8.2 deverá ser outorgada e gozada dentro de no máximo um ano, e o restante do período de férias anuais remuneradas dentro dos próximos 18 meses, no máximo, a contar do término do ano em que foi adquirido o direito de gozo das férias (art. 9), salvo previsão em convenção ou acordo coletivo. O restante das férias fracionadas não será outorgado e gozado dentro do período concessivo de 12 meses, segundo a norma internacional. O período concessivo pode ser estendido para 18 meses em relação a férias incompletas após 12 meses. Essa determinação da norma internacional modifica nossa legislação ordinária, permitindo que as férias fracionadas sejam gozadas até 18 meses a contar do término do ano em que foi adquirido o direito de gozo das férias.

No art. 7 da Convenção foi determinado que o empregador deve computar o salário utilidade nas férias, que é a "quantia equivalente a qualquer parte dessa remuneração em espécie".

O mesmo art. 7 da Convenção exige o pagamento antecipado antes de o empregado sair em férias. As férias deverão ser pagas ao empregado dois dias antes do período de descanso.

O empregador deverá pagar as férias com o acréscimo de 1/3, conforme a previsão do inciso XVII do art. 7º da Lei Maior.

A Convenção nº 132 da OIT não faz distinção quanto ao modo de cessação do contrato de trabalho, se decorreu de justa causa ou de pedido de demissão do empregado. O art. 11 da norma internacional prevê o direito às férias proporcionais, inclusive indenizadas em relação a período não gozado, bastando apenas que cumpra o período aquisitivo de seis meses. Assim, mesmo que o empregado peça demissão e tenha menos de um ano de casa ou seja dispensado com justa causa terá direito a férias proporcionais indenizadas. O único requisito será ter cumprido o período mínimo de seis meses. Decorridos seis meses de serviço, o empregado terá direito a férias indenizadas, quando da cessação do pacto laboral.

A causa da cessação do contrato de trabalho para efeito do pagamento das férias indenizadas não é importante, mas o cansaço do trabalhador, durante certo tempo de serviço, depois de ter trabalhado alguns meses e não ter direito às férias. O trabalhador vinha adquirindo direito às férias proporcionais mês a mês, por ter trabalhado mais de 14 dias.

Dessa forma, independentemente da forma de cessação do contrato de trabalho (com justa causa, sem justa causa, pedido de demissão, aposentadoria espontânea), o trabalhador passa a ter direito às férias proporcionais desde que tenha cumprido um período de seis meses, que é exigido pelo art. 5.2 da norma internacional. É a interpretação sistemática da norma internacional, que exige o período mínimo de seis meses.

Se o contrato de trabalho for igual ou inferior a seis meses e o empregador for dispensado com justa causa, pedir demissão ou se aposentar no período, perde o direito às férias proporcionais.

Esclarece a Súmula 171 do TST que, salvo na hipótese de dispensa do empregado por justa causa, a extinção do contrato de trabalho sujeita o empregador ao pagamento da remuneração das férias proporcionais, ainda que incompleto o período aquisitivo de 12 meses. A Súmula 261 mostra que o empregado que se demite antes de completar 12 meses de serviço tem direito a férias proporcionais.

A forma de cálculo será de 1/12 avos para cada período superior a 14 dias.

As férias têm um aspecto de direito irrenunciável para o empregado, de que este não pode abrir mão. O Estado, por outro lado, também tem o interesse de verificar a concessão das férias, assegurando a saúde física e mental do trabalhador. Têm, ainda, as férias caráter social, em que o operário irá ter convívio com sua família e com a sociedade.

Dispõe o art. 12 da Convenção nº 132 que todo acordo relativo ao abandono do direito ao período mínimo de férias anuais remuneradas de três semanas por ano de serviço ou relativo à renúncia ao gozo das férias mediante indenização ou de qualquer forma será, dependendo das condições nacionais, nulo. Isso mostra que o direito de férias ou seu gozo são irrenunciáveis pelo empregado.

Segurança e Medicina do Trabalho 16

1 Higiene e segurança do trabalho

O inciso XXII do art. 7º da Constituição menciona que os trabalhadores têm direito a redução dos riscos inerentes ao trabalho, por meio de normas de saúde, higiene e segurança.

O parágrafo único do art. 7º da Lei Magna não faz menção ao inciso XXII do art. 7º da Lei Maior. Isso quer dizer que o empregado doméstico não está protegido por normas de saúde, higiene e segurança, não se lhe aplicando a Portaria nº 3.214, de 8-6-1978.

2 Adicional de periculosidade e de insalubridade

O inciso XXIII do art. 7º da Constituição, que trata de adicional de remuneração para as atividades penosas, insalubres ou perigosas, não se aplica ao doméstico, pois o parágrafo único do mesmo artigo não faz remissão ao citado inciso.

Não tem direito a receber adicional de penosidade, insalubridade ou periculosidade, ainda que trabalhe em condições gravosas à saúde, até mesmo porque a CLT não se aplica aos domésticos (art. 7º, *a*), o que é realmente despropositado. Assim, não se aplicam aos domésticos o art. 192 da CLT, que trata de adicional de insalubridade, nem o art. 193, que versa sobre adicional de periculosidade.

Assim, mesmo que o empregado doméstico trabalhe em local insalubre ou perigoso ou faça serviços penosos não terá direito a qualquer adicional pelo trabalho prestado em condições mais gravosas a sua saúde. Ressalte-se que não existe no momento lei que trate de adicional para serviços penosos para qualquer empregado.

De modo geral, o local de trabalho do doméstico não é insalubre ou perigoso, pois o próprio empregador não iria querer morar num local insalubre ou perigoso.

3 Fiscalização trabalhista

O Decreto-lei nº 3.078/41 previa reclamação do doméstico no Ministério do Trabalho e "multa de 20$000 (vinte mil réis) a 200$000 (duzentos mil réis) para os servidores que não tenham punição especificada na presente lei, de acordo com o regulamento a ser expedido" (art. 9º). A mesma norma estabelecia a inspeção de saúde em relação ao doméstico (art. 2º, § 2º).

Prevê o parágrafo único do art. 2º do Decreto nº 71.885/73 que "as divergências entre empregado e empregador doméstico, relativas a férias e anotação na Carteira do Trabalho e Previdência Social, ressalvada a competência da Justiça do Trabalho, serão dirimidas pela Delegacia Regional do Trabalho".

A fiscalização trabalhista também não poderá querer aplicar multas ao empregador doméstico, pois a CLT, no que diz respeito a multas, não pode ser observada em relação ao doméstico (art. 7º, *a*). Isso implica que, mesmo o empregador doméstico descumprindo qualquer norma trabalhista, não terá qualquer penalidade a ser observada, inclusive por falta de anotação da CTPS, até mesmo em razão de que as penalidades devem ser interpretadas restritivamente.

Direito Coletivo do Trabalho 17

1 Conceito

Direito Coletivo do Trabalho é a parte do Direito do Trabalho que visa estudar as relações do sindicato, sua organização, as normas coletivas etc.

2 Organização sindical

Os empregados domésticos são considerados categoria, pois o parágrafo único do art. 7º da Constituição faz referência à palavra *categoria*. Logo, eles podem reunir-se e fundar sindicatos dos trabalhadores domésticos.

Haverá necessidade de que exista um único sindicato em dada base territorial, que não poderá ser inferior à área de um município (art. 8º, II, da Constituição).

Os empregadores domésticos não são exatamente categoria econômica, pois não têm por objetivo exercer atividade econômica. Logo, não podem ser reconhecidos os sindicatos dos empregadores domésticos para efeito de representação.

3 Norma coletiva

Pergunta-se se o empregado doméstico faz jus às regras do Direito Coletivo do Trabalho.

O inciso XXVI do art. 7º da Constituição estabelece o "reconhecimento das convenções e acordos coletivos de trabalho". A convenção coletiva de trabalho é o negócio jurídico celebrado entre sindicato de empregados e empregador a respeito de condições de trabalho (art. 611 da CLT). O acordo coletivo é o negócio jurídico pactuado entre sindicato de empregados e empresa ou empresas, sobre condições de trabalho (§ 1º do art. 611 da CLT). Ocorre que o parágrafo único do art. 7º da Lei Maior não menciona que os empregados domésticos têm direito à aplicação do inciso XXVI do art. 7º da Lei Magna. Assim, pode-se dizer que o empregador doméstico não tem de observar convenções ou acordos coletivos estabelecidos em relação ao empregado doméstico.

A Constituição usa a expressão "categoria dos trabalhadores domésticos" (art. 7º, parágrafo único), mostrando que os empregados domésticos formam uma categoria e podem, portanto, se sindicalizar.

A categoria profissional é justamente a reunião de pessoas que têm condições de vida similares, oriundas do exercício da profissão (art. 511, § 2º, da CLT). Não há como negar que os empregados domésticos constituem uma categoria profissional, diante até mesmo do fato de que a própria Constituição usa a expressão "categoria" para doméstico. No entanto, o empregador doméstico não está submetido a uma categoria econômica porque, por definição, não exerce atividade econômica. Isso impede, portanto, a possibilidade de serem estabelecidos direitos trabalhistas aos domésticos, justamente porque na convenção coletiva se necessita de sindicatos de empregadores domésticos, e estes não exercem atividade econômica, além de o acordo coletivo ser celebrado com empresa, e o empregador doméstico não é uma empresa, que é considerada a atividade organizada para a produção de bens e serviços para o mercado, com fito de lucro.

Até hoje não houve a inclusão dos empregados domésticos no enquadramento sindical a que se refere o quadro anexo ao art. 577 da CLT, mesmo antes da Constituição de 1988. De outro lado, não se verifica que a classe de empregados domésticos seja reivindicadora ou que faça greves, principalmente por ser desorganizada, e até mesmo certas pessoas desconhecem a existência de sindicatos de empregados domésticos e de empregadores domésticos.

A CLT não se aplica ao doméstico (art. 7º, *a*) para que fossem observados os arts. 611 a 625 da CLT, ou seja, as convenções e os acordos coletivos.

Não terá também o empregado doméstico direito de postular em dissídio coletivo novas condições de trabalho, pois o empregador doméstico não representa categoria econômica, como já decidiram os tribunais:

> "Aos empregados domésticos, embora a Constituição Federal de 1988 tenha-lhes conferido vários direitos previdenciários e trabalhistas, não os equiparou ao trabalhador comum, prevalecendo, em nosso sistema, a diferenciação jurídica. Tampouco houve reconhecimento dos títulos normativos referentes aos mesmos. E, dadas as peculiaridades da atividade do doméstico, não há como contrapor-lhe uma atividade "econômica" ou "empresarial" que pudesse discutir reivindicações, devendo merecer do Estado apenas uma proteção mínima, como o faz a atual Constituição Federal. Considera-se extinto o processo, sem julgamento de mérito" (ac. do TRT – 15ª Região, nº 1.020/93-4, DC 044/93-A, Rel. Juiz Carlos Alberto Moreira Xavier, in *LTr* 58-09/1.122).

"Impossibilidade jurídica do pedido – Dissídio de domésticos contra sindicato patronal – Impossibilidade porque não se aplica aos domésticos o instituto do dissídio coletivo – Empregador doméstico não é categoria econômica" (TST, SDC RO-DC 33.588/91-3, ac. SDC 589/92, Rel. Min. Marcelo Pimentel, j. 20-10-92, *DJU*, 11-12-92, p. 23.782).

"Dissídio Coletivo – Sindicato de Trabalhadores Domésticos – Impossibilidade Jurídica. A categoria dos trabalhadores domésticos é, ainda, uma categoria limitada no que tange a direitos coletivos e individuais, não lhe tendo sido assegurado, no que tange àqueles, o reconhecimento dos acordos e convenções coletivas (art. 7º, parágrafo único, da Carta Magna), o que se afasta, por incompatibilidade lógica, a possibilidade de negociação coletiva e, finalmente, de chegar-se ao estágio final do ajuizamento da ação coletiva (art. 114, § 2º). Recurso ordinário desprovido" (TST RO--DC-112.868/94-7, Ac. SDC 1.271/94, j. 17-10-94, Rel. Min. Manoel Mendes de Freitas, in *LTr* 59-01/51).

O auxiliar de enfermagem que presta serviços para o âmbito residencial da pessoa necessitada é doméstico. Não tem direito, porém, a piso salarial ou salário profissional, pois não se considera como categoria diferenciada, nem se deve observar qualquer norma coletiva. Assim, terá direito apenas ao que for combinado a título de salário.

Não terá também o empregado doméstico direito a reajustes salariais decorrentes de norma coletiva, mas apenas aos reajustes do salário-mínimo ou, se existir, aos reajustes determinados pela política salarial.

O empregado doméstico, se o desejar, poderá se sindicalizar, pois a sindicalização é livre (art. 8º, V, da Constituição).

4 Contribuição sindical

Nem o empregado doméstico nem o empregador doméstico têm de pagar contribuição sindical, pois a CLT a eles não se aplica (art. 7º, *a*, da CLT).

O empregador doméstico, como já foi dito, não exerce atividade econômica, por definição da Lei nº 5.859/72, não pertencendo, portanto, a categoria econômica.

5 Contribuição confederativa

O empregado doméstico associado ao sindicato está sujeito ao pagamento da contribuição confederativa. O não associado não está, porque não há lei dispondo nesse sentido e não é filiado ao sindicato, podendo se opor à cobrança dessa contribuição.

O inciso IV do art. 8º da Constituição deve ser examinado de forma sistemática com o inciso V do mesmo comando legal, que prevê que a pessoa é livre para entrar ou sair do sindicato, como indica a Convenção nº 87 da OIT. Entender de forma contrária implicaria filiação forçada ao sindicato, em razão da necessidade do pagamento da contribuição.

Estabelecendo-se contribuição indistintamente para todas as pessoas, é ferido o princípio da livre adesão ao sindicato, como anteriormente mencionado.

No mesmo sentido, o Precedente nº 119 da E. SDC do TST.

A contribuição confederativa de que trata o inciso IV do art. 8º da Constituição só é exigível dos filiados ao sindicato respectivo (Súmula 666 do STF).

O § 1º do art. 159 da Constituição de 1967 estabeleceu: "entre as funções delegadas a que se refere este artigo, compreende-se a de arrecadar, na forma da lei, contribuições para o custeio de atividade dos órgãos sindicais e profissionais e para a execução de programas de interesse das categorias por eles representadas". A primeira modificação verificada no texto constitucional consiste no fato de o sindicato passar a arrecadar as contribuições previstas em lei, deixando de impor contribuições. Desse modo, ainda havia necessidade de lei determinando as contribuições sindicais, para que o sindicato pudesse arrecadá-las. O § 1º do art. 166, da Emenda Constitucional nº 1, de 1969, repetiu a mesma redação do § 1º do art. 159 da Carta Magna de 1967. O sindicato deixou, portanto, de ter a possibilidade de impor contribuições, estando derrogada a alínea *e* do art. 513 da CLT, que deve ser lida no sentido de que o sindicato tem poderes de arrecadar contribuições, tanto da entidade patronal como dos trabalhadores, entre elas a confederativa, a mensalidade do sindicato e a sindical. O sindicato não mais exerce atividade delegada de poder público para poder impor contribuições.

Embora os incisos III, IV do art. 8º da Constituição façam referência à categoria, o sindicato só pode impor contribuições aos seus sócios. Quem não é sócio do sindicato não é obrigado a pagar contribuições à agremiação, salvo a contribuição sindical, que tem natureza de tributo.

O empregador doméstico, também, não está sujeito ao pagamento da contribuição confederativa, pois não pertence a categoria econômica, justamente porque não exerce atividade econômica.

6 Mensalidade sindical

Pode o empregado doméstico associar-se ao sindicato dos trabalhadores domésticos. Para tanto, terá de observar o estatuto da agremiação, assim como pagar as contribuições previstas no estatuto da entidade.

Para que o desconto da mensalidade sindical seja feito no salário do doméstico é preciso que haja autorização por escrito nesse sentido. Do contrário, o desconto não poderá ser feito.

Rescisão do Contrato de Trabalho 18

1 Conceito

A rescisão do contrato de trabalho é a terminação do vínculo de emprego, com a extinção das obrigações para os contratantes.

Prevê o inciso I do art. 7º da Constituição que haverá "relação de emprego protegida contra despedida arbitrária ou sem justa causa, nos termos de lei complementar, que preverá indenização compensatória, dentre outros direitos".

A referida lei complementar até hoje não foi editada.

O citado dispositivo constitucional também não é aplicável ao doméstico, pois a ele não faz referência o parágrafo único do art. 7º da Lei Magna.

2 Dispensa sem justa causa

Na dispensa do doméstico sem justa causa, o empregador deve pagar ao empregado todos os direitos que ele adquiriu: saldo de salários, férias vencidas e proporcionais, se for o caso, aviso-prévio, 13º salário proporcional.

O empregado somente terá direito ao seguro-desemprego se o empregador recolher o FGTS. Se o empregador optar por não recolher o FGTS, o empregado doméstico não faz jus ao seguro-desemprego.

3 Dispensa com justa causa

O § 2º do art. 6º-A da Lei nº 5.859/72 considera justa causa para a dispensa do doméstico as hipóteses elencadas no art. 482 da CLT, com exceção das alíneas c, g e parágrafo único (negociação habitual, concorrência à empresa, violação de segredo da empresa, atos atentatórios à segurança nacional), pois as primeiras três situações dizem respeito à empresa e o empregador doméstico é pessoa física ou família. Assim, se a empregada doméstica se nega a ordem razoável de faxina ou outro serviço doméstico, estará configurada a justa causa para o despedimento.

As hipóteses do art. 482 da CLT aplicáveis ao doméstico são as seguintes: (a) improbidade, como roubo, furto, apropriação indébita; (b) incontinência de conduta. Essa falta está relacionada à moral sexual, como de empregado que se expõe à libertinagem; (c) mau procedimento. Qualquer falta que não puder ser incluída em outras das previstas no art. 482 da CLT acaba sendo mau procedimento; (d) condenação criminal do empregado com trânsito em julgado, caso não tenha havido suspensão da execução da pena (*sursis*); (e) desídia no desempenho das respectivas funções. Desídia é o conjunto de pequenas faltas do empregado. A soma de todas elas mostra que, pela habitualidade, o empregado é preguiçoso, indolente, desleixado no serviço; (f) embriaguez habitual ou em serviço. Seria exemplo do motorista que aparece bêbado no serviço; (g) ato de indisciplina. É o descumprimento de ordens gerais do empregador; (h) ato de insubordinação. É o descumprimento de ordens pessoais de serviço, como para limpar a cozinha, a sala, passar roupas etc.; (i) abandono de emprego. Para a caracterização do abandono de emprego é preciso que o empregado permaneça mais de 30 dias sem trabalhar ou então que mostre claramente que não mais tem interesse em trabalhar. Nesse caso, não será preciso a observância de 30 dias; (j) ato lesivo da honra ou da boa fama praticado no serviço contra qualquer pessoa, ou ofensas físicas, nas mesmas condições, salvo em caso de legítima defesa, própria ou de outrem; (k) ato lesivo da honra e boa fama ou ofensas físicas praticadas contra o empregador, salvo em caso de legítima defesa, própria ou de outrem; (l) prática constante de jogos de azar.

Tendo o empregado cometido falta grave para a rescisão do contrato de trabalho, deve o empregador dispensá-lo de imediato. Do contrário, pode-se entender que houve "perdão tácito", isto é, que o empregador perdoou o empregado, pois a falta não foi considerada tão grave.

Deverá existir proporcionalidade entre a falta praticada pelo empregado e a punição determinada pelo empregador. Para faltas leves pode o empregador advertir, suspender. Para faltas graves, deve dispensar por justa causa. Não há nenhuma determinação legal no sentido de que o empregado primeiro tem de ser advertido, depois suspenso e depois dispensado. Se a falta for grave, a ponto de abalar a confiança do empregador, mesmo que o empregado nunca tenha cometido outra falta, poderá ser dispensado por justa causa.

O mesmo é possível dizer em relação à rescisão indireta do contrato de trabalho, aplicando-se o art. 483 da CLT. Assim, se o empregador não cumpre as obrigações do contrato de trabalho ou comete outras faltas descritas no art. 483, haverá justa causa do empregador.

Na dispensa do empregado com justa causa, o trabalhador faz jus ao saldo de salários dos dias trabalhados e às férias vencidas, pois já as adquiriu. Não tem direito a férias proporcionais, aviso-prévio e 13º salário proporcional.

4 Pedido de demissão

No pedido de demissão, a iniciativa para a ruptura do contrato de trabalho é do empregado.

O empregado terá direito a saldo de salário e 13º salário proporcional.

O empregado terá de dar aviso-prévio ao empregador, sob pena de ser descontado no termo de rescisão o respectivo valor das verbas devidas ao empregado.

Sobre férias proporcionais, vide o capítulo respectivo.

5 Assistência na rescisão do contrato de trabalho

Prevê o § 1º do art. 477 da CLT que o pedido de demissão ou recibo de quitação de rescisão do contrato de trabalho, firmado por empregado com mais de um ano de serviço, só será válido quando feito com a assistência do sindicato dos empregados ou perante a autoridade do Ministério do Trabalho, que é o fiscal do trabalho.

Não é necessária a "homologação" da rescisão do contrato de trabalho do empregado doméstico, seja na Delegacia Regional do Trabalho ou no sindicato, pois o § 1º do art. 477 da CLT não se lhe aplica (art. 7º, *a*, da CLT). Pouco importa, para esse fim, que o doméstico tenha mais ou menos de um ano de trabalho: a "homologação" será desnecessária. Da mesma forma, se o empregado doméstico tem menos de 18 anos, a única exigência é que haja a assinatura do pai, mãe ou responsável no termo de rescisão do contrato de trabalho.

Na jurisprudência observa-se acórdão no mesmo sentido:

> "Empregado doméstico – Homologação do termo de rescisão do contrato de trabalho – Quanto aos trabalhadores domésticos, não havendo previsão na legislação específica ou no parágrafo único do artigo 7º da Constituição Federal, inexiste obrigatoriedade de homologação perante o Sindicato do termo de rescisão contratual, mesmo quando conta o trabalhador com mais de um ano de serviço. Revista provida" (TST, 3ª T., RR 513933/98.2-21, Rel. Min. Carlos Alberto Reis de Paula, *DJU*, 14-12-01, p. 481).

> "A legislação que regulamentou a profissão do doméstico, consoante preleciona o art. 2º do Decreto nº 71.855/73, ao aprovar o regulamento da Lei nº 5.859/72, determina que excetuando o capítulo referente a

férias, não se aplicam aos empregados as demais disposições da CLT. A Constituição Federal de 1988 estendeu aos domésticos os direitos trabalhistas que especifica em seu art. 7º, parágrafo único, dentre os quais não figura, todavia, a exigência de homologação perante o Sindicato do termo de rescisão do contrato de trabalho, mesmo tendo o empregado mais de um ano de casa. Não existe previsão expressa de aplicação aos trabalhadores domésticos do disposto no art. 477, § 1º, da CLT e, portanto, não há como se ter por inválido o termo rescisório apresentado no processo, pela ausência de homologação. Recurso de Revista provido" (TST, 3ª T., RR 636.374/2000.8, *DJU* 12-11-04, p. 819).

6 Multa do § 8º do art. 477 da CLT

Não se aplica a multa do § 8º do art. 477 da CLT ao doméstico por atraso no pagamento das verbas rescisórias, pois a Consolidação a ele não se observa (art. 7º, *a*, da CLT). Em se tratando de penalidade, como no caso em que ocorre pagamento de multa, deve haver interpretação restritiva, não se podendo utilizar da analogia para determinar o pagamento da multa por atraso no pagamento das verbas rescisórias. Na jurisprudência há orientação idêntica:

> "Empregado doméstico – Multa no atraso de pagamento das verbas rescisórias – Inexiste base legal para o deferimento da multa pelo atraso no pagamento das verbas rescisórias aos domésticos, pois esta classe não está amparada pela CLT, aplicando-se-lhes, apenas, os direitos assegurados no art. 7º, parágrafo único, da CF" (ac. un. da 4ª T. do TRT-3ª Região, RO 18.903/92, Rel. Israel Kuperman, j. 6-10-93, *Minas Gerais* II, 12-2-94, p. 76).

> "Os empregados domésticos, mesmo após o advento da Constituição de 1988, dispõem apenas de direitos trabalhistas limitados, ou seja, daqueles expressamente previstos, para eles, na Carta Magna ou na lei ordinária. Assim, no que tange à multa prevista no art. 477, parágrafo 8º, *in fine*, da CLT, não há como estender o direito à sua percepção ao doméstico, por não haver dispositivo legal que assim determine. Recurso ordinário do Reclamado parcialmente provido" (TRT 1ª R. 9ª T. RO 27.955/95, j. 22-4-98, Rel. Juiz Izidoro Soler Guelman, *DJRJ*, 15-5-98, p. 72).

O empregador doméstico deverá pagar as verbas rescisórias ao empregado doméstico o mais rápido possível. Porém, não há prazo para esse fim, nem multa administrativa caso o empregador doméstico não pague as verbas rescisórias, pois inexiste previsão legal nesse sentido e a CLT não se aplica a domésticos.

Aviso-Prévio 19

1 Conceito

A expressão a ser empregada é *aviso-prévio* e não *aviso breve*. Breve tem o sentido de pouca extensão, ligeiro. Prévio quer dizer com antecedência.

Aviso-prévio é a comunicação que uma parte do contrato de trabalho deve fazer à outra de que pretende rescindir o referido pacto sem justa causa, de acordo com o prazo previsto em lei, sob pena de pagar indenização substitutiva.

Até o momento ainda não existe o aviso-prévio proporcional ao tempo de serviço previsto no inciso XXI do art. 7º da Constituição.

Tem o aviso-prévio por finalidade: (a) comunicar à outra parte o fim do contrato de trabalho, para que o empregado possa procurar novo emprego e o empregador, nova pessoa; (b) período mínimo previsto na lei para que haja a comunicação; (c) pagamento dos dias trabalhados no período ou indenização substitutiva.

2 Aviso-prévio do doméstico

Anteriormente o empregado doméstico não fazia jus a aviso-prévio, pois não se lhe aplicava a CLT (art. 7º, *a*, da CLT), muito menos a Lei nº 5.859 tratava do assunto.

A Constituição de 1988 assegura aviso-prévio ao empregado doméstico, nos seguintes termos: "aviso-prévio proporcional ao tempo de serviço, sendo no mínimo de 30 dias, nos termos da lei" (art. 7º, XXI).

A Lei nº 5.859 trata apenas de férias e regula a questão relativa ao empregado doméstico, não sendo possível aplicar o capítulo da CLT sobre férias. No que diz respeito ao aviso-prévio a questão é diversa, pois a Lei nº 5.859 não versa sobre o assunto, sendo o caso de utilizar por analogia as disposições da CLT sobre aviso-prévio, sob pena de não ter como aplicar o instituto ao doméstico.

Estabeleceu o inciso XXI do art. 7º da Constituição o aviso-prévio de pelo menos 30 dias. A Lei Maior não dispõe que o aviso-prévio é dado pelo empregador ao empregado, mas que se trata de um direito do trabalhador. Assim, na hipótese do aviso-prévio dado pelo empregado ao empregador, o prazo poderá ser de 8 dias, se o pagamento for efetuado por semana ou por tempo inferior.

A Lei nº 12.506/11 faz referência a "aviso-prévio, de que trata o Capítulo VI do Título IV da Consolidação das Leis do Trabalho – CLT, aprovada pelo Decreto-lei nº 5.452, de 1º de maio de 1943" (art. 1º).

A CLT não se aplica ao doméstico (art. 7º, *a*, da CLT).

Usa ainda a Lei nº 12.506/11 a frase que o aviso-prévio "será concedido na proporção de 30 (trinta) dias aos empregados que contêm até 1 (um) ano de serviço na mesma *empresa*". Empregador doméstico não é empresa, mas pessoa física.

Com a redação estabelecida ao art. 1º da Lei nº 12.506 não é possível estender o aviso-prévio proporcional ao tempo de serviço ao empregado doméstico, pois o inciso XXI do art. 7º da Constituição dispõe que o referido aviso-prévio será concedido "nos termos da lei". A nova lei não prevê o aviso-prévio proporcional ao tempo de serviço. Logo, o aviso-prévio dado pelo empregador doméstico ao empregado doméstico é de apenas 30 dias.

Será o aviso-prévio devido tanto pelo empregador que dispensa o empregado como pelo empregado que quiser se retirar do emprego. Quando o empregado doméstico for dispensado por justa causa o aviso-prévio não será devido. Mesmo o empregador tem direito a receber o aviso-prévio por parte do empregado doméstico, quando o doméstico pede demissão, justamente pelo fato de que conta com a pessoa e deve ter um espaço de tempo também para procurar outra para fazer a função daquela que sai do emprego. De preferência, o aviso-prévio deve ser comunicado por escrito – embora a lei não contenha disposição expressa nesse sentido –, principalmente para se evitar as discussões em torno de quem dispensou ou pediu demissão, ainda mais no trabalho doméstico, que envolve dose maior de desconfiança, pelo fato de ser desenvolvido na própria residência do empregador.

Na prática, o empregador não irá querer que o empregado cumpra aviso-prévio por ele dado ou que o empregado que quer se retirar do serviço também o faça, justamente porque nesse momento a confiança entre as partes fica abalada e não convém ao primeiro continuar com o segundo em sua residência. Dúvida existe sobre a possibilidade de, durante o aviso-prévio do empregador, o empregado doméstico prestar duas horas a menos de serviço ou optar por não trabalhar sete dias corridos. O empregado doméstico não tem horário de trabalho. Logo, não se lhe aplica a regra de trabalhar duas horas a menos por dia. Assim, o mais razoável é que o empregado doméstico não trabalhe sete dias corridos, que é o período que terá para procurar novo emprego.

O aviso-prévio é irrenunciável pelo empregado. O pedido de dispensa de cumprimento não exime o empregador de pagar o valor respectivo, salvo comprovação de haver o prestador dos serviços obtido novo emprego (Súmula 276 do TST).

Se o contrato de trabalho terminar por rescisão indireta, em que o empregador é que comete a falta (art. 483 da CLT), o aviso-prévio também é devido.

Havendo culpa recíproca do empregado e do empregador, é devido metade do valor do aviso-prévio (Súmula 14 do TST).

Falecendo o empregado, não há de se falar em aviso-prévio, pois a rescisão ocorreu por razões alheias à vontade das partes.

Garantia de Emprego   20

1 Conceitos

A estabilidade é o direito do empregado de continuar no emprego, mesmo contra a vontade do empregador, desde que inexista causa objetiva a determinar sua despedida. É o que ocorre com o empregado com mais de 10 anos de empresa, que não era optante do FGTS. Esse empregado não pode ser dispensado. Entretanto, os arts. 492 a 500 da CLT não são aplicáveis ao doméstico (art. 7º, *a*, da CLT), que são justamente os que tratam do tema.

Garantia de emprego é a impossibilidade temporária de dispensa do empregado, de acordo com as hipóteses previstas em lei.

Os empregados comuns têm direito a garantia de emprego do dirigente sindical, do cipeiro, da grávida, do acidentado.

2 Dirigente sindical

O empregado eleito para cargo de direção ou representação sindical não poderá ser dispensado desde o registro de sua candidatura até um ano após o término de seu mandato, salvo na existência de falta grave (art. 8º, VIII da Constituição).

Ao suplente de cargo de direção ou representação sindical também é estendido tal direito.

Em tese, o empregado doméstico poderia candidatar-se ou ser eleito para cargo de direção ou representação sindical. Assim, teria direito a garantia de emprego.

Logo, não poderia ser dispensado pelo empregador doméstico.

3 Cipeiro

Na residência do empregador doméstico não existe Comissão Interna de Prevenção de Acidentes (Cipa), que só se exige nas empresas. Assim, o doméstico não tem a referida garantia de emprego.

4 Gestante

A CLT previa estabilidade aos empregados que tivessem 10 anos de serviço (arts. 492 a 500). Como a CLT não se aplica ao doméstico, este não goza de estabilidade no emprego. Se sofrer acidente do trabalho, não terá garantia de 12 meses após a cessação do auxílio-doença acidentário, pois os domésticos não têm direito a prestações de acidente do trabalho, inclusive porque não há custeio específico para esse fim.

Obrigar uma pessoa a ficar com a empregada quando a confiança deixou de existir é praticamente impossível, principalmente quando essa pessoa trabalha na casa do patrão, o que é ainda pior. Viola a intimidade da pessoa.

No Chile, a gestante doméstica não tem garantia de emprego de um ano como outras empregadas (art. 201 do Novo Código de Trabalho de 1987, com as alterações do DFL de nº 1, de 7-1-94).

Mario Ghidini afirma que a doméstica italiana não tem direito à garantia de emprego de até um ano após o nascimento da criança (*Diritto del lavoro*. Pádua: Cedam, 1981. p. 251).

Não fazia jus a empregada doméstica à garantia de emprego de cinco meses após o parto, prevista na alínea *b* do inciso II do art. 10 do ADCT, pois o *caput* do referido artigo menciona que "até que seja promulgada a lei complementar a que se refere o art. 7º, I, da Constituição" é que se concede a estabilidade, sendo que a doméstica não foi aquinhoada com esse direito no parágrafo único do art. 7º da Lei Fundamental. Logo, não faz jus à estabilidade de 150 dias após o parto.

Dispõe o art. 4º-A da Lei nº 5.859/72 que "é vedada a dispensa arbitrária ou sem justa causa da empregada doméstica gestante desde a confirmação da gravidez até 5 (cinco) meses após o parto".

Existem afirmações no sentido de que não podem ser estabelecidos outros direitos ao empregado doméstico além daqueles especificados no parágrafo único do art. 7º da Constituição, sob pena de inconstitucionalidade. É o pensamento de Georgenor de Sousa Franco Filho.[1]

---

[1] FRANCO FILHO, Georgenor de Souza. *Globalização e desemprego*. São Paulo: LTr, 1998. p. 24-8.

Os direitos especificados ao doméstico na Constituição são, porém, direitos mínimos. A sua enumeração não é taxativa (*numerus clausus*), mas exemplificativa, pois não está escrito no parágrafo único do art. 7º da Lei Maior que os direitos dos empregados domésticos são **apenas** ou **somente** os previstos em alguns dos incisos do art. 7º da mesma norma, permitindo que a lei ordinária estabeleça outros direitos ao doméstico. O *caput* do art. 7º da Lei Magna é expresso ao usar a frase "são direitos dos trabalhadores urbanos e rurais, além de outros que visem à melhoria de sua condição social", indicando que os direitos dos trabalhadores são exemplificativos. São direitos mínimos, possibilitando que a lei ordinária disponha sobre outros direitos. O empregado doméstico pode ser um trabalhador urbano ou rural. O inciso I do mesmo artigo prevê que lei complementar estabelecerá a proteção da relação de emprego contra a dispensa arbitrária ou sem justa causa, entre outros direitos, indicando também ser exemplificativo. O mesmo ocorre em relação ao parágrafo único do art. 7º, que é uma regra que deve se harmonizar sistematicamente com a cabeça do mesmo comando constitucional. Entender que a lei não pode prescrever direitos diversos dos previstos na Constituição para o doméstico implicaria afirmar ser inconstitucional a anotação do contrato de trabalho doméstico na CTPS do trabalhador, por não estar prevista na Lei Magna, mas no art. 5º do Regulamento da Lei nº 5.859, o que seria absurdo.

Nada impede que a lei ordinária estabeleça melhores condições de trabalho para o empregado doméstico. Não se pode dizer, portanto, que a norma é inconstitucional.

Passa a doméstica a ter garantia de emprego desde a confirmação da gravidez até cinco meses após o parto. Houve uma equiparação a empregada comum.

O TST entende que o desconhecimento do estado gravídico pelo empregador não afasta o direito ao pagamento da indenização decorrente da estabilidade (art. 10, II, *b*, do ADCT) (S. 244, I, do TST).

Entendo que com o empregado doméstico não pode ser celebrado contrato de experiência, pois a ele não se aplica a CLT (art. 7º, *a*, da CLT). Entretanto, se se entender de forma contrária, aplica-se o inciso III da Súmula 244 do TST, no sentido de que não há direito da empregada gestante à garantia de emprego na hipótese de admissão mediante contrato de experiência, visto que a cessação da relação de emprego, em razão do término do prazo do pacto, não constitui dispensa arbitrária ou sem justa causa.

O certo seria a empregada ser reintegrada no emprego, pois ela tem direito ao emprego e não a ser indenizada. É claro que a relação doméstica tem características especiais. A relação é muito mais pessoal. O empregador não iria querer que a doméstica preparasse refeições, cuidasse de crianças, com medo de eventual maldade que pudesse ser praticada pela empregada doméstica.

O inciso II da Súmula 244 do TST entende que a garantia de emprego à gestante só autoriza a reintegração se esta se der durante o período de estabilidade.

Do contrário, a garantia restringe-se aos salários e demais direitos correspondentes ao período de estabilidade.

5 Acidentado

O empregador doméstico não paga contribuição para o custeio das prestações de acidente do trabalho.

Por conseguinte, o empregado não faz jus a prestações de acidente do trabalho, nem tem a garantia de emprego do acidentado, prevista no art. 118 da Lei nº 8.213.

Prescrição 21

Prescrição é a perda à pretensão ao direito pelo decurso de prazo para pleitear determinada reparação em juízo.

O art. 101 do Decreto-lei nº 1.237 estabelecia que "não havendo disposição especial em contrário, prescreve em dois anos qualquer reclamação perante a Justiça do Trabalho".

O art. 11 da CLT determina o prazo de prescrição para trabalhadores urbanos e rurais. Ocorre que a CLT não se observa em relação aos domésticos (art. 7º, *a*).

Inexistindo preceito legal sobre o tema, observa-se o inciso V, do § 10, do art. 178, do Código Civil de 1916, ao dispor que o prazo de prescrição "dos serviçais, operários e jornaleiros, pelo pagamento de seus salários", era de cinco anos. Como o empregado doméstico é uma espécie de serviçal, o prazo de prescrição daquele trabalhador seria o previsto no Código Civil, isto é, de cinco anos. Era a orientação encontrada na jurisprudência: "A prescrição dos direitos dos domésticos é quinquenal, nos termos do art. 178, § 10, item V, do Código Civil, tendo em conta ser impossível a aplicação da regra do art. 11 da CLT, face ao que dispõe o art. 7º do mesmo diploma consolidado" (ac. da 5ª T. do TRT-2ª Região, nº 100.831/86, RO 17.224/85, Rel. Juiz José Victório Moro, j. 21-10-86, in Revista *LTr* 51-4/458).

A Constituição de 1988 estabelece prazo de prescrição no inciso XXIX do art. 7º, assim redigido: "ação, quanto aos créditos resultantes das relações de trabalho, com prazo prescricional de cinco anos para os trabalhadores urbanos e rurais, até o limite de dois anos após a extinção do contrato de trabalho".

Estabelece o parágrafo único do art. 7º da Constituição quais os incisos do mesmo artigo que são aplicados ao doméstico. Entre eles não está o inciso XXIX, que trata da prescrição. Assim, a prescrição dos direitos trabalhistas do empregado doméstico não é a prevista na Constituição.

Arnaldo Sussekind pensa de forma contrária, entendendo que prescrição não é um direito social, não impedindo a aplicação do inciso XXIX do art. 7º da Lei Magna ao doméstico (*LTr*, 53-9/1.022).

O legislador constituinte não quis que fosse aplicado o prazo de prescrição contido no inciso XXIX do art. 7º da Constituição ao doméstico, pois, do contrário, teria feito referência expressa ao dispositivo constitucional.

Então, qual o prazo prescricional para os empregados domésticos postularem seus direitos, já que esse lapso de tempo não está regulado na Constituição, nem na CLT? Poder-se-ia aplicar por analogia o prazo prescricional do art. 11 da CLT ao empregado doméstico, como quer Roberto Barretto Prado (*LTr* 54-2/171), porém a própria CLT é expressa no sentido de que não deve ser observada a tal trabalhador (art. 7º, *a*).

Outro entendimento seria no sentido da observação da própria Constituição, em razão de que o trabalhador doméstico também tem direitos trabalhistas e a própria Lei Maior assegurou direitos nesse sentido. Por analogia, poderia ser utilizado o inciso XXIX do art. 7º da Constituição. Entendo que não é o caso, pois o parágrafo único do art. 7º da Lei Magna é claro no sentido de quais dos seus incisos devem ser aplicados ao doméstico, mas não enumera o inciso XXIX. Isso implica dizer que houve omissão deliberada do constituinte, que não pretendeu que o inciso XXIX do art. 7º do Estatuto Supremo fosse aplicado ao doméstico, pois, do contrário, teria sido expresso nesse sentido.

Há também argumentos de que a prescrição seria bienal, aplicando a prescrição de férias contida no art. 149 da CLT. Por força do art. 2º do Decreto nº 71.885/73 as férias previstas na CLT se estenderiam ao doméstico. Assim, a prescrição de férias seria a contida no art. 149 da CLT. Entretanto, o decreto vai além da lei, que não prevê tal extensão, além do que a alínea *a* do art. 7º da CLT é textual no sentido da não observância da CLT em relação ao doméstico.

Carlos Moreira de Luca afirma que o Regulamento da Justiça do Trabalho, aprovado pelo Decreto nº 6.596, de 12-12-1940, que regulamentava o Decreto-lei nº 1.237/39, previa no art. 227 que, "não havendo disposição especial em contrário, qualquer reclamação perante a Justiça do Trabalho prescreve em dois anos, contados da data do ato ou fato que lhe der origem" (*LTr* 53-1/81-82), sendo este o prazo prescricional para os domésticos. Entendo que a CLT regulou inteiramente a matéria, inclusive no tocante à prescrição (art. 11), estando revogado o Decreto-lei nº 1.237/39 e seu regulamento, além do que este só se aplicava à relação entre empregadores e empregados (art. 1º), como afirma Octavio Bueno Magano (1993:158). O art. 101 do Decreto-lei nº 1.237/39 dispunha que, não havendo disposição especial em contrário, o prazo de prescrição era o nele especificado. Ocorre que havia prazo de prescrição específico para o doméstico em sentido contrário, que era o definido no Código Civil de 1916 (art. 178, § 10, V). Logo, não poderia ser aplicado ao doméstico o prazo de prescrição regulado no citado art. 101.

Tanto antes como depois da Constituição, o prazo de prescrição é o contido no Código Civil de 1916, isto é, de cinco anos, pois é específico para o doméstico, e nem na Lei nº 5.859, na CLT ou na Constituição encontra-se qual é o prazo. Logo, havendo determinação específica na lei, que é o Código Civil, não se podem observar, por analogia, outras normas.

Não se poderia dizer, porém, que a prescrição para anotar a CTPS seria a contida no art. 179 do Código Civil de 1916, já que há dispositivo expresso quanto a prescrição do doméstico no mesmo código (inciso V do § 10 do art. 178), embora este só faça referência a salários.

O atual Código Civil de 2002 determinou no art. 205 o prazo de 10 anos de prescrição. Como não há outro dispositivo específico que trata do tema, como era a regra do inciso V, do § 1º, do art. 178 do Código Civil de 1916, aplica-se a regra geral de 10 anos para o empregado doméstico ajuizar a ação.

Observado o prazo de 10 anos a contar do término do contrato de trabalho, incluída a projeção do aviso-prévio, o empregado poderá postular todos os direitos relativos ao tempo trabalhado para o empregador doméstico e não apenas cinco anos, como ocorre com o empregado urbano ou o rural.

E se o empregado doméstico for menor, qual o prazo de prescrição aplicável? Acórdão do TRT da 3ª Região adotou a seguinte orientação: "Prescrição – Empregado doméstico menor. Ao empregado doméstico, à falta de disposição especial, aplica-se o disposto na CLT a propósito de prescrição, e não o estabelecido no Código Civil. Contra o menor de 18 anos não corre prazo de prescrição, ainda que trabalhador doméstico" (ac. un. da 1ª T. do TRT-3ª Região, RO 663/89, Rel. Juiz Manoel Mendes de Freitas, j. 6-11-89, *Minas Gerais* II, 17-11-89, p. 58).

O fundamento legal não seria o invocado, mas exatamente o do Código Civil. A CLT não se aplica ao doméstico (art. 7º, *a*), inclusive ao menor que é doméstico, mas ao menor urbano. Assim, a prescrição a ser aplicada ao menor é a do Código Civil, no inciso I do art. 198, isto é, contra os menores de 16 anos (art. 3º, I, do Código Civil) que sejam domésticos não corre a prescrição. Contra os maiores de 16 anos a prescrição correrá normalmente.

O doméstico terá, portanto, o prazo de 10 anos para ajuizar a ação, nos termos do Código Civil. Não haverá, porém, limite para o doméstico reclamar, como previsto na alínea *a* do inciso XXIX do art. 7º da Constituição para o empregado urbano. Poderá o doméstico, se ajuizar a ação nos 10 anos a contar da dispensa, reclamar do empregador todos os anos trabalhados.

Justiça do Trabalho 22

1 Competência da justiça do trabalho

O parágrafo único do art. 2º do Decreto nº 71.885, de 9-3-1973, estabelece que "as divergências entre empregado e empregador doméstico, relativas a férias e anotação na Carteira de Trabalho e Previdência Social, ressalvada a competência da Justiça do Trabalho, serão dirimidas pela Delegacia Regional do Trabalho".

O Decreto nº 71.885 não poderia determinar matéria de competência, que fica adstrita à lei. De outro lado, não há previsão na lei no sentido de que o empregado doméstico possa postular seus direitos na Justiça do Trabalho. Entretanto, a jurisprudência vinha admitindo a competência da Justiça do Trabalho para apreciar questões a ele relativas.

Na Emenda Constitucional nº 1/69, em seu art. 142, já se poderia dizer que a Justiça do Trabalho teria competência para apreciar a questão entre o empregado doméstico e seu patrão, pois dizia que os dissídios entre "empregados" e "empregadores" estariam na competência daquela. O doméstico não deixava de ser um empregado, e seu patrão era um empregador.

O art. 114 da Constituição fixou a competência da Justiça do Trabalho quanto a relação de trabalho. Se a relação entre o empregado doméstico e o empregador doméstico também é de trabalho, inexistiria dúvida a respeito da competência da Justiça do Trabalho para dirimir as questões dos empregados domésticos e seus patrões. No entanto, a própria Constituição especificou uma série de direitos aos trabalhadores domésticos no parágrafo único do art. 7º, demonstrando que, apesar de aqueles trabalhadores não terem todos os direitos dos empregados comuns, só poderão reclamá-los na Justiça do Trabalho, porque é onde os últimos postulam seus direitos. Assim, o empregado doméstico poderá pleitear na Justiça do Trabalho todos os direitos que entender cabíveis, e não apenas férias e anotação na CTPS, como dá a entender o parágrafo único do art. 2º do Decreto nº 71.885, até mesmo porque outros direitos são previstos na Constituição.

2 Representação do empregador doméstico em audiência

O doméstico pode propor a ação contra quem assina a CTPS ou contra ambos os cônjuges, que são a família de que trata o art. 2º da Lei nº 5.859/72.

A representação do empregador doméstico em audiência gera polêmicas. Poder-se-ia dizer que somente quem contratou o empregado doméstico é que deveria estar presente à audiência. Não há dúvida de que, se os serviços domésticos são prestados apenas a uma única pessoa, é esta que deverá comparecer em juízo.

O § 6º do art. 226 da Constituição dispõe que os direitos e deveres referentes à sociedade conjugal são exercidos igualmente pelo homem e pela mulher. A direção da sociedade conjugal será exercida, em colaboração, pelo marido e pela mulher, sempre no interesse do casal e dos filhos (art. 1.567 do Código Civil). Qualquer um deles tem, portanto, legitimidade para representar a família. No entanto, outros dispositivos legais têm de ser analisados.

Declara o art. 1º da Lei nº 5.859 que o empregado doméstico presta serviços à pessoa ou à família. O inciso II do art. 3º do Decreto nº 71.885/73 dispõe que o empregador doméstico é a pessoa ou família que admite empregado doméstico. Assim, é possível que à audiência compareça a pessoa que contratou o doméstico (a mulher, por exemplo, que o registrou), como qualquer pessoa da família, como o marido, o filho, a filha etc. O conceito de família é amplo, podendo ser considerado não só em relação aos cônjuges e filhos, mas também quaisquer parentes que residam no local, como irmãos ou irmãs solteiras, primos etc. Dessa forma, qualquer membro da família que resida no local em que prestou serviços o empregado doméstico poderá comparecer à audiência. Na jurisprudência, são encontrados acórdãos no mesmo sentido:

> "Empregador doméstico – Representação em juízo. Sendo empregado doméstico aquele que presta serviços de natureza contínua e de finalidade não lucrativa à pessoa ou à família, no âmbito residencial destas, é certo que o empregador doméstico deve ser entendido como a entidade familiar formada por qualquer dos pais e seus descendentes, e, portanto, a defesa desta em juízo, no caso de ação trabalhista, há de ser exercida por qualquer dos membros da sociedade conjugal. O comparecimento da companheira do réu para defender a sociedade conjugal não caracteriza ofensa ao disposto no § 1º do art. 843 da CLT" (ac. un. da 1ª T. do TRT-12ª Região, RO 4.877/90, j. Rel. Juíza Dora Leonor de O. Brito, 15-7-92, *DJSC* 11-8-92, p. 32).

"Empregado doméstico. O vínculo empregatício se estabelece com os cônjuges, podendo qualquer deles figurar no polo passivo ou ativo da ação. A presença em juízo de um deles, ainda que a ação tenha sido proposta contra o outro, afasta a revelia e a confissão, porque caracterizada a legitimidade de parte" (ac. un. da 3ª T. do TRT-10ª Região, RO 1.974/93, Rel. Juiz Paulo Mascarenhas Borges, j. 30-9-93, *DJU* 29-10-93, p. 46.531).

A Súmula 377 do TST entende que o preposto tem de ser empregado. Admite exceção ao empregador doméstico, que, portanto, não precisa ser empregado. Pode ser qualquer pessoa.

Se a contratação foi feita apenas por uma pessoa idosa, que não pode comparecer à audiência, por impossibilidade, qualquer outra pessoa poderá comparecer, como filho, genro, nora etc. É possível também que a pessoa ou família possa ser representada por preposto, pois o § 1º do art. 843 da CLT menciona a hipótese de o empregador ter preposto, num sentido amplo, compreendendo também o empregador doméstico, pois não o exclui. Entre empregado e empregador doméstico se estabelece um contrato de trabalho subordinado, sendo a Justiça do Trabalho competente para analisar a questão. Aplica-se, portanto, o § 1º do art. 843 da CLT à lide entre empregado e empregador doméstico. Logo, se este tiver empregados, como mordomo, copeira, motorista, que são empregados domésticos, poderão representar, também, o empregador doméstico em audiência, devendo, entretanto, conhecer os fatos objeto do litígio, sob pena de confissão. Se o empregador doméstico tiver como testemunha um de seus empregados, é recomendável que este não sirva de preposto, pois, do contrário, não poderia utilizá-lo como testemunha posteriormente. Quem é preposto não pode ser testemunha, pois está representando o empregador.

Embora a alínea *a* do art. 7º da CLT disponha que essa norma não se observa ao doméstico, pode-se dizer que apenas a parte do direito material do trabalho deixa de ser aplicada ao doméstico, pois do contrário o empregado doméstico não poderia ajuizar ação na Justiça do Trabalho, por não existir o mecanismo processual para tanto. Dessa forma, deve-se aplicar o § 1º do art. 843 da CLT ao empregador doméstico.

Não recomendo que o empregador doméstico mande à audiência preposto ou pessoa da casa, como filho, marido etc., pois os juízes podem ter entendimento diferente do meu. Seria melhor, portanto, que a pessoa que assina a Carteira de Trabalho do empregado doméstico compareça pessoalmente à audiência, visando a evitar a aplicação da confissão.

3 Art. 467 da CLT

Caso o empregador não pague as verbas rescisórias do empregado na primeira audiência em que comparecer à Justiça do Trabalho, não terá de fazê-lo com acréscimo de 50%, pois o art. 467 da CLT não se aplica ao doméstico (art. 7º, *a*, da CLT); além disso, as penalidades devem ser interpretadas restritivamente e não por analogia.

No TRT da 2ª Região há orientação no mesmo sentido:

> "A regra do art. 467 da CLT não pode ser aplicada a favor dos domésticos, pois há vedação expressa do art. 7º, da CLT, alínea *a*, não comportando, outrossim, analogia, face ao seu caráter apenante" (TRT-2ª Região, 2ª T, RO 02940419390, Ac. 02960097089, Rel. Juiz Paulo Dias da Rocha, *DJSP* 28-2-96, p. 36).

4 Provas

O pagamento de salários só pode ser comprovado mediante recibo de pagamento, isto é, a prova deve ser escrita (art. 464 da CLT). Não se admite a prova de tais fatos por meio de testemunhas, pois, no caso, deverá ser feita por documento. A exceção a essa regra se dá em relação ao empregado doméstico, pois o art. 464 da CLT não se lhe aplica (art. 7º, *a*, da CLT). Assim, admite-se prova testemunhal para demonstrar o pagamento de salários, principalmente em razão da confiança mútua existente entre as partes, pois a relação é desenvolvida no âmbito familiar. Na jurisprudência, existem acórdãos no mesmo sentido:

> "Recibo de quitação – Férias dobradas. O contrato de trabalho do empregado doméstico guarda ainda suas peculiaridades, e uma delas é a de não ser exigível a comprovação de quitação de salários por meio de recibo, em virtude da fidúcia especial existente na relação, permitida a comprovação por outros meios de prova em Direito admitidos" (ac. da 3ª T. do TST nº 2.751/88, RR 1.758/88, Rel. Min. Ermes Pedro Pedrassani).

> "Face à natureza do contrato de trabalho da doméstica, inexigível é o recibo de pagamento de salário e férias, para comprovar que a empregada os recebeu" (ac. da 2ª T. do TRT-1ª Região nº 179/86, RO 7.351/85, Rel. Juiz Luiz Augusto Pimenta de Mello, j. 21-1-86, in *LTr* 50-10/1.217).

> "Empregador doméstico – Pagamento de salário – A prova de salário é feita mediante recibo (art. 464 da CLT). Embora a doutrina e jurisprudência deem tratamento menos drástico ao rigor legal, admitindo a prova de pagamento através de testemunha, em homenagem à singularidade do trabalho doméstico e da ligação entre empregada e sua patroa, a prova deve ser cabal. Não prestigia o pagamento, depoimento de informante que sequer foi instada a falar sobre o tema" (TRT-2ª Região, 5ª T, RO 02940417495, Ac. 02960124396, Rel. Juiz Francisco Antônio de Oliveira, *DJSP* 18-3-96, p. 54).

Caso o doméstico alegue que não recebeu alguns dos salários de meses anteriores, poder-se-á aplicar a regra segundo a qual, "quando o pagamento for em cotas periódicas, a quitação da última estabelece, até prova em contrário, a presunção de estarem solvidas as anteriores" (art. 322 do Código Civil). Caberia, então, ao doméstico, provar o não recebimento de salários anteriores, se recebeu o último pagamento.

Para evitar qualquer controvérsia, recomendo que o empregador doméstico sempre pague seu empregado mediante recibo, seja em relação a férias, salários ou qualquer outro pagamento que lhe for feito.

Geralmente, as testemunhas do empregador são pessoas vizinhas, pessoas que trabalham no edifício de apartamentos ou até pessoas que têm amizade íntima com o primeiro. Nesse caso, não poderiam ser ouvidas como testemunhas, dada a amizade íntima. O art. 829 da CLT dispõe que as testemunhas não compromissadas serão ouvidas como informantes. Assim, mesmo que as testemunhas tenham amizade íntima com a parte, frequentando a casa uma da outra, devem ser ouvidas como informantes, avaliando o juiz o valor dos depoimentos. Do contrário, o empregador doméstico, principalmente, não teria como fazer prova.

A prova do requerimento do vale-transporte é do empregado, por se tratar de fato constitutivo de seu direito, nos termos do art. 818 da CLT e do inciso I do art. 333 do CPC. O empregador não tem como saber quantas conduções e de que tipo o empregado precisa, se este não faz requerimento indicando a condução necessitada. De outro lado, o empregador não pode fazer prova negativa de que o empregado não requereu o vale-transporte.

Cabe ao empregado fazer o requerimento do vale-transporte, indicando as conduções que necessita, nos termos do art. 7º do Decreto nº 95.247/87.

A Orientação Jurisprudencial nº 215 da SDI do TST mostra que "é do empregado o ônus de comprovar que satisfaz os requisitos indispensáveis à obtenção do vale-transporte".

5 Penhora

A Lei nº 8.009/90 reza que são impenhoráveis o imóvel residencial do casal e determinados equipamentos constantes da casa. Entretanto, o art. 3º da referida norma menciona que a impenhorabilidade não se aplica a créditos de trabalhadores da própria residência. Logo, se o empregado doméstico for o credor, podem ser penhorados bens da residência.

Previdência Social 23

Previdência Social é o segmento da Seguridade Social, composta de um conjunto de princípios, de regras e de instituições destinado a estabelecer um sistema de proteção social, mediante contribuição, que tem por objetivo proporcionar meios indispensáveis de subsistência ao segurado e a sua família, contra contingências de perda ou redução da sua remuneração, de forma temporária ou permanente, de acordo com a previsão da lei.[1]

1 Segurado obrigatório

Permitia o art. 161 da Lei nº 3.807/60 (Lei Orgânica da Previdência Social) aos empregados domésticos a filiação à Previdência Social como segurados facultativos. O Decreto nº 60.501, de 14-3-67, estabelecia que o empregado doméstico não era filiado obrigatório ao sistema de Previdência Social. Poderia, porém, filiar-se como segurado facultativo (art. 4º, I, do Decreto nº 60.501/67). Para tanto, deveria haver requerimento do empregado doméstico (art. 8º do Decreto nº 60.501/67).

Estabeleceu o art. 4º da Lei nº 5.859/72 que o empregado doméstico tem assegurados os benefícios e serviços da Lei Orgânica da Previdência Social, que na época era a Lei nº 3.807/60, na qualidade de segurado obrigatório. Isso queria dizer que o empregado doméstico deveria contribuir para o sistema de Previdência Social na qualidade de segurado obrigatório e não como facultativo.

O parágrafo único do art. 7º da Constituição assegurou ao doméstico a observância do inciso XXIV do mesmo artigo, que trata de aposentadoria. Outorgou

---

[1] MARTINS, Sergio Pinto. *Direito da seguridade social*. 31. ed. São Paulo: Atlas, 2011. p. 286.

também ao doméstico o direito a sua integração à Previdência Social. A aposentadoria, porém, é apenas uma espécie contida no gênero Previdência Social. Entretanto, os benefícios previdenciários dependem daquilo que estiver previsto em lei. No plano constitucional já se assegurou ao doméstico o direito à aposentadoria, que a lei ordinária poderia não prever para efeito de Previdência Social. Estabeleceu, ainda, a Constituição que o doméstico teria direito a sua integração ao sistema de Previdência Social, o que já era assegurado pelo art. 4º da Lei nº 5.859, em que o doméstico passou a ser considerado segurado obrigatório do sistema previdenciário.

O inciso II do art. 12 da Lei nº 8.212/91 determinou que o empregado doméstico é considerado segurado obrigatório. No mesmo sentido, o inciso II do art. 9º do Regulamento da Previdência Social. O inciso IV do § 15 do art. 9º do Regulamento da Previdência Social dispôs que a pessoa "que presta serviço de natureza não contínua a pessoa ou a família, no âmbito residencial desta, sem fins lucrativos", é considerada segurado obrigatório na condição de trabalhador autônomo, em razão da ausência de continuidade nessa prestação.

O empregador doméstico deverá promover a inscrição do empregado doméstico no INSS, visando obter o número para poder recolher a contribuição. Exige-se que o empregado doméstico apresente CTPS registrada, documento de identidade. Obtido o número de inscrição do doméstico, o empregador poderá começar a fazer os recolhimentos, mediante guia.

1.1 Contribuição previdenciária

Previa a Lei nº 5.859 que o custeio da Previdência Social era feito à razão de 8% pelo empregador e 8% pelo empregado doméstico (art. 5º). O empregado doméstico recolhia sua parte até três salários-mínimos (§ 1º do art. 5º). Mesmo que percebesse salário superior, teria limitado o desconto de 8% até o limite de três salários-mínimos. Determinava ainda o § 2º do art. 5º da Lei nº 5.859 que a falta de recolhimento, na época própria, das contribuições previstas anteriormente sujeitaria o responsável ao pagamento do juro moratório de 1% ao mês, além da multa variável de 10% a 50% do valor do débito.

A Lei nº 6.887, de 10-12-1980, alterou a redação do inciso I do art. 69 da Lei nº 3.807/60, estabelecendo que o porcentual de 8% incidiria sobre o salário-de-contribuição do empregado doméstico.

O Decreto-lei nº 1.910, de 29-12-1981, aumentou o porcentual do empregador doméstico para 10% e o do empregado doméstico para 8,5%.

Com a edição da Lei nº 7.787/89 houve modificação na questão. O empregado doméstico passou a recolher como qualquer segurado, de acordo com as alíquotas de 8%, 9% e 10% (art. 1º), desaparecendo a alíquota de 8,5%. O empregador doméstico passou a recolher 12% do salário-de-contribuição do empregado doméstico, sem se falar em limite de três salários mínimos. O recolhimento deveria ser feito sobre o total do valor percebido pelo empregado a título de remuneração.

A Lei nº 8.212/91 repetiu as disposições da Lei nº 7.787/89, estabelecendo os porcentuais de 8%, 9% e 11%, que ficariam a cargo do empregado doméstico (art. 20), calculados sobre sua remuneração, inexistindo o teto de três salários mínimos, mas o normal previsto para qualquer trabalhador, de acordo com o limite da tabela. O empregador doméstico deveria recolher sua parte no porcentual de 12% sobre o salário-de-contribuição do empregado doméstico (art. 24). A Lei nº 9.032, de 28-4-1995, deu nova redação ao art. 20 da Lei nº 8.212/91, alterando os porcentuais para 8%, 9% e 11%, porém o porcentual do empregador continuou a ser de 12%. Na prática, muitos empregadores acabam não descontando o porcentual da contribuição previdenciária pertinente ao empregado doméstico, pagando-lhe o salário integral ajustado, sem nenhuma dedução.

A tabela de salário-de-contribuição é a seguinte:

Salário-de-contribuição (R$)	Alíquota (%)
até 1.174,86	8,00
de 1.174,87 até 1.958,10	9,00
de 1.958,11 até 3.916,20	11,00

Se o doméstico ganhar mais de R$ 3.916,20, aplicam-se 11% sobre esse valor e não sobre o salário do doméstico. Exemplo: o empregado ganha R$ 4.000,00. A contribuição previdenciária do empregado será de 11% de R$ 3.916,20 = R$ 430,78.

O empregador doméstico não terá, contudo, de recolher o porcentual de acidente do trabalho, pois o inciso XXVIII do art. 7º da Constituição não é observado em relação aos domésticos (parágrafo único do mesmo artigo). Inexistirá também recolhimento referente às contribuições de terceiros, como Senai e Sesi, Senac e Sesc, Sest e Senat, Sebrae ou Senar, nem mesmo do Incra e salário-educação.

O salário-de-contribuição do empregado doméstico será a remuneração registrada em sua CTPS (art. 28, II, da Lei nº 8.212/91), que hoje pode ser superior a três salários mínimos. A contribuição previdenciária do empregador calculada sobre a remuneração do doméstico não terá teto. Assim, os 12% incidirão sobre o total da remuneração percebida pelo doméstico, conforme se depreende do art. 24 da Lei nº 8.212/91. Não poderia o art. 34 do Decreto nº 612 limitar a contribuição do empregador doméstico a 12% do limite máximo previsto na tabela, pois excede o disposto no art. 24 da Lei nº 8.212, sendo nulo neste aspecto. O art. 34 do Decreto nº 2.173 corrigiu o erro do art. 34 do Decreto nº 612, ao mencionar que a contribuição do empregador doméstico é de 12% do salário-de-contribuição do empregado doméstico a seu serviço. No mesmo sentido, o art. 211 do atual Regulamento da Previdência Social (Decreto nº 3.048/99). Isso mostra que os 12% não incidem sobre o teto da contribuição e sim sobre o que for pago ao doméstico.

Quando a admissão, dispensa, afastamento ou falta do empregado doméstico ocorrer no curso do mês, a contribuição incidirá proporcionalmente sobre os dias trabalhados.

O prazo para recolhimento da contribuição previdenciária do empregado e do empregador doméstico é até o dia 15 do mês seguinte ao da competência, como se observa dos incisos II e V do art. 30 da Lei nº 8.212/91. Assim, o empregador doméstico tem de recolher as contribuições previdenciárias do mês de dezembro até o dia 15 do mês de janeiro. Caindo o dia 15 em dia não útil, o pagamento deve ser feito no primeiro dia útil posterior.

O empregador doméstico poderá optar por recolher a contribuição previdenciária trimestralmente no dia 15 do mês seguinte ao de cada trimestre civil, desde que o empregado doméstico ganhe até um salário-mínimo. Se não houver expediente bancário no dia 15, o recolhimento será prorrogado para o primeiro dia útil imediatamente subsequente.

Sobre a primeira parcela do 13º salário não incide a contribuição previdenciária. Sobre a segunda parcela incide a contribuição, sendo calculada em separado do pagamento do salário do mês. O recolhimento deve ser feito até o dia 20 de dezembro.

O empregador doméstico poderá recolher a contribuição do segurado empregado a seu serviço e a parcela a seu cargo, relativas à competência novembro, até o dia 20 de dezembro, juntamente com a contribuição referente ao décimo terceiro salário, utilizando-se de um único documento de arrecadação (§ 6º do art. 30 da Lei nº 8.212/91).

Objetiva a lei a diminuição da burocracia para o empregador doméstico. Ele não precisará fazer dois recolhimentos muito próximos entre si, fazendo apenas um no dia 20 de dezembro, que irá se referir ao recolhimento da contribuição previdenciária da competência novembro e sobre o 13º salário.

O código para recolhimento da contribuição mensal do empregado e empregador doméstico é 1.600. Se o recolhimento for trimestral, o código é 1.651.

No mês da competência, devem-se colocar na guia de recolhimento o mês e o ano respectivos (ex.: 10/08). Se for o recolhimento do 13º salário, colocar 13º.

Não paga a contribuição no prazo legal, o empregador estará sujeito à multa de: (I) para pagamento, após o vencimento de obrigação não incluída em notificação fiscal de lançamento: (a) 8%, dentro do mês de vencimento da obrigação; (b) 14%, no mês seguinte; (c) 20%, a partir do segundo mês seguinte ao do vencimento da obrigação; (II) para pagamento de créditos incluídos em notificação fiscal de lançamento: (a) 24%, em até 15 dias do recebimento da notificação; (b) 30%, após o décimo quinto dia do recebimento da notificação; (c) 40%, após apresentação de recurso desde que antecedido de defesa, sendo ambos tempestivos, até 15 dias da ciência da decisão do Conselho de Recursos da Previdência Social; (d) 50%, após o décimo quinto dia da ciência da decisão do Conselho de Recursos da Previdência Social, enquanto não inscrito em Dívida Ativa; (III) para pagamento do crédito inscrito em Dívida Ativa: (a) 60%, quando não tenha sido objeto de parcelamento; (b) 70%, se houve parcelamento; (c) 80%, após o ajuizamento de execução fiscal, mesmo que o devedor ainda não tenha sido citado, se o crédito não foi objeto de parcelamento; (d) 100%, após o ajuizamento da execução fiscal, mesmo que o devedor ainda não tenha sido citado, se o crédito foi objeto de parcelamento.

Os juros de mora serão os equivalentes a taxa referencial do Sistema Especial de Liquidação e de Custódia (Selic). Essa alteração revoga o § 2º do art. 5º da Lei nº 5.859, por dispor de maneira contrária.

Se o empregado doméstico tiver mais de um emprego, cada empregador doméstico deverá ter para ele uma guia, descontando a parte pertinente ao obreiro e recolhendo sua parte de 12% sobre sua remuneração. Se o salário do empregado doméstico exceder o limite da tabela, deverá haver comunicação por escrito entre os empregadores no sentido de que a parte do empregado seja recolhida até atingir o limite, com a alíquota pertinente, de modo a que não se recolha valor superior ao devido.

Havendo rescisão do contrato de trabalho por parte do empregador e existindo pagamento de aviso-prévio e férias indenizadas, não haverá a incidência da contribuição previdenciária sobre essas duas verbas.

2 Benefícios previdenciários

Alguns conceitos devem ser emitidos neste momento para que se entenda como o benefício é calculado.

Período de carência é o número mínimo de contribuições necessárias para que o segurado faça jus ao benefício. Não cumprido o período de carência, o segurado não tem direito ao benefício.

Salário-de-benefício é a média aritmética simples de todos os últimos salários-de-contribuição dos meses imediatamente anteriores ao do afastamento da atividade ou da data da entrada do requerimento.

A renda mensal inicial do benefício de prestação continuada que substituir o salário-de-contribuição ou o rendimento do trabalho do segurado não terá valor inferior ao do salário-mínimo nem superior ao do limite máximo do salário-de-contribuição. A renda mensal inicial será calculada tomando-se o salário-de-benefício e multiplicando-se pelo coeficiente referente ao benefício. É possível representá-la na seguinte fórmula:

$RMI = SB \times \text{coeficiente}$

2.1 Salário-maternidade

Com a Constituição de 1988 está expresso que a empregada doméstica gestante tem direito ao salário-maternidade, sem prejuízo do emprego e do salário, com a duração de 120 dias.

Quem paga, porém, o salário-maternidade da empregada doméstica em estado de gestação é a própria Previdência Social (art. 73 da Lei nº 8.213/91), e não o empregador doméstico. Este não tem obrigação nenhuma de pagar a licença-maternidade da empregada doméstica, que fica inteiramente a cargo do INSS. A empregada doméstica deverá receber o valor correspondente no próprio posto de benefícios. A importância corresponderá a seu último salário-de-contribuição (art. 73, I, da Lei nº 8.213/91). O único encargo que o empregador doméstico terá durante a licença-maternidade da doméstica será o recolhimento mensal dos 12% sobre o salário-de-contribuição do empregado doméstico, que é apenas a parte do empregador. Não terá de descontar e recolher a parte do empregado, por inexistir previsão legal expressa nesse sentido, até porque não há do que descontar, pois a doméstica não estará recebendo salário, mas benefício.

O INSS descontará do próprio benefício da empregada em gozo de salário-maternidade a contribuição previdenciária da doméstica, nas alíquotas 8, 9 ou 11%, pagando à trabalhadora o valor líquido.

A Emenda Constitucional nº 20/98 limita o valor do benefício previdenciário a R$ 3.916,20 (valor corrigido). Entende o STF que o salário-maternidade não está sujeito ao teto, devendo o INSS pagar o benefício no valor integral, independentemente do valor do salário da trabalhadora gestante. Os ministros do STF afirmaram que a limitação contraria a Constituição, em razão de que a gestante tem garantido o direito à licença-maternidade, sem prejuízo do emprego e do salário, com duração de 120 dias (art. 7º, XVIII) (STF, Pleno ADIn nº 1.9465 (DF), j. 3-4-03, Rel. Min. Sidney Sanches, *LTr* 67-06/706). Assim, se a doméstica ganhar mais do que o teto do benefício, receberá do INSS o valor de seu salário.

Inexiste período de carência para o salário-maternidade da doméstica. Mesmo que a empregada tenha trabalhado um mês na condição de segurada da Previdência Social, fará jus ao benefício.

No mês de início e término da licença-gestante da segurada com remuneração mensal superior ao limite máximo, o valor do benefício de salário-maternidade será proporcional aos dias de afastamento do trabalho em relação ao limite máximo.

Tendo a empregada doméstica mais de um emprego, fará jus ao salário-maternidade em cada um deles.

A licença-maternidade da empregada doméstica, como de qualquer outra, compreende o período entre 28 dias antes do parto e a data de ocorrência deste, isto é, provavelmente nos 92 dias subsequentes (art. 71 da Lei nº 8.213/91). Quem irá fixar o período será o médico.

Dispõe o art. 395 da CLT que em caso de aborto não criminoso, comprovado por atestado médico oficial, a mulher terá um repouso remunerado de duas semanas, ficando-lhe assegurado o direito de retornar à função que ocupava antes de seu afastamento. Entretanto, a CLT não se observa ao doméstico (art. 7º, *a*, da CLT). Assim, a doméstica não faz jus à licença de duas semanas em caso de aborto não criminoso.

É sabido que o INSS, no âmbito administrativo, não paga o salário-maternidade se deixa de existir a relação de emprego. O fundamento é o art. 97 do Decreto nº 3.048/99.

Ocorre que não existe previsão legal para a determinação do art. 97 do Regulamento da Previdência Social.

Independe de carência a concessão de salário-maternidade para as seguradas empregada, trabalhadora avulsa e empregada doméstica (art. 26, VI, da Lei nº 8.213/91).

É mantida a qualidade de segurado até 12 meses após a cessação das contribuições, caso deixe de exercer atividade remunerada abrangida pela Previdência Social ou estiver suspenso ou licenciado sem remuneração (art. 15, II, da Lei nº 8.213/91).

A lei não dispõe que o salário-maternidade só é pago na vigência da relação de emprego. Logo, o decreto não pode dispor sobre o que a lei não prevê.

O decreto tem por objetivo esclarecer o conteúdo da lei, regulamentá-la. Não pode exceder o conteúdo da lei ou regulamentar o que nela não está disposto.

Trata o art. 71 da Lei nº 8.213/91 sobre o salário-maternidade, mas não manda observar o regulamento, apenas "as situações e condições previstas na legislação no que concerne à proteção à maternidade...".

Prevê o art. 73 da Lei nº 8.213/91 a concessão do salário-maternidade para pessoas que não são empregadas, como a trabalhadora autônoma e a segurada especial. Indica o art. 72 da mesma lei que a trabalhadora avulsa também faz jus ao benefício. Logo, não é requisito para a percepção do salário-maternidade estar empregada. É a condição para o recolhimento do benefício apenas a manutenção da qualidade de segurada da trabalhadora.

O INSS, como órgão pertencente à Administração Pública da União, não pode negar-se a conceder o benefício com base no regulamento, pois está adstrito ao princípio da legalidade (art. 37 da Constituição), devendo observar aquilo que a lei não proíbe ou não determina expressamente, que é a manutenção da condição de empregada para a concessão do benefício do salário-maternidade.

Se no âmbito administrativo a empregada não conseguir receber o salário-maternidade, poderá ajuizar ação na Justiça Federal contra o INSS para o recebimento do benefício, com amplas chances de resultado positivo.

Em caso de parto antecipado, a doméstica fará jus aos 120 dias do salário-maternidade, que também serão pagos pelo INSS.

A dispensa da empregada doméstica gestante não lhe dá direito a estabilidade, apenas aos salários dos 120 dias da licença-maternidade, se provado o nascimento do filho.

À segurada da Previdência Social que adotar ou obtiver guarda judicial para fins de adoção de criança é devido salário-maternidade pelo período de 120 dias, se a criança tiver até um ano de idade, de 60 dias, se a criança tiver entre um e quatro anos de idade, e de 30 dias, se a criança tiver de quatro a oito anos de idade (art. 71-A da Lei nº 8.213/91).

A norma não faz distinção quanto ao tipo de segurada, incluindo, portanto, a empregada doméstica.

Em relação à criança adotada que tiver mais de oito anos de idade, não haverá direito ao salário-maternidade.

Previa o parágrafo único do art. 71 da Lei nº 8.213/91 que a empregada doméstica poderia requerer o salário-maternidade até 90 dias após o parto. Esse parágrafo foi revogado pelo art. 15 da Lei nº 9.528/97. Agora, não há mais prazo para a doméstica requerer o salário-maternidade. Poderá requerê-lo mesmo depois de 90 dias do parto.

A lei não resolve o problema do 13º salário do período em que a doméstica estiver em gozo de licença-maternidade, isto é, dos 120 dias. O art. 120 do Regulamento da Previdência Social dispõe que o abono anual, que é o 13º salário de quem recebe benefício, não é devido para quem recebe salário-maternidade. A Previdência não reembolsa o 13º salário do salário-maternidade, pois o recolhimento não é feito por GRPS. A solução é o empregador pagar o 13º salário, porém, não terá obrigação, por falta de previsão legal.

2.2 Aposentadoria

O art. 4º da Lei nº 5.859 já dizia que "aos empregados domésticos são assegurados os benefícios e serviços da Lei Orgânica da Previdência Social" (na época, a Lei nº 3.807/60), "na qualidade de segurados obrigatórios". Assim, o empregado doméstico era considerado segurado obrigatório e tinha direito aos benefícios da Previdência Social, inclusive aposentadoria.

O inciso XXIV do art. 7º da Constituição assegurou expressamente ao doméstico a "aposentadoria". Logicamente, essa aposentadoria depende do que a lei ordinária prevê sobre o tema para o referido trabalhador. Assim, tem direito o empregado doméstico à aposentadoria por tempo de contribuição, por idade, por invalidez, bem como a auxílio-doença e assistência médica. Os dependentes do doméstico terão direito a auxílio-reclusão, pensão e assistência médica.

Será devida a aposentadoria por idade ao doméstico, conforme o art. 49, I, da Lei nº 8.213: (a) da data do desligamento do emprego, quando requerida até essa data ou até 90 dias depois dela; (b) da data do requerimento, quando não houver desligamento do emprego ou quando for requerida após o prazo previsto na letra *a*. O homem terá direito a aposentadoria por idade aos 65 anos e a mulher aos 60 anos. A aposentadoria por idade será compulsória aos 70 anos para o homem e aos 65 para a mulher. O período de carência será de 180 contribuições. A renda mensal inicial será de 70% do salário-de-benefício, mais 1% em relação a cada grupo de 12 contribuições, até atingir 100%.

A aposentadoria por invalidez do empregado doméstico é devida a contar da data do início da incapacidade ou da data da entrada do requerimento, se entre essas datas decorrerem mais de 30 dias (art. 43, *b*, da Lei nº 8.213). A aposentadoria por invalidez é devida ao doméstico desde o 1º dia, não sendo o caso de o empregador pagar os 15 primeiros dias de afastamento, pois o empregador não é a empresa e não há previsão legal nesse sentido. A renda mensal inicial será de 100% do salário-de-benefício. O período de carência será de 12 contribuições.

A concessão de aposentadoria por invalidez dependerá da verificação da condição de incapacidade mediante exame médico-pericial a cargo da Previdência Social, podendo o segurado, a suas expensas, fazer-se acompanhar de médico de sua confiança.

A doença ou lesão de que o segurado já é portador ao filiar-se ao Regime Geral de Previdência Social não lhe conferirá direito à aposentadoria por invalidez, salvo quando a incapacidade sobrevier por motivo de progressão ou agravamento dessa doença ou lesão.

O valor da aposentadoria por invalidez do segurado que necessitar de assistência permanente de outra pessoa será acrescido de 25%. Isto quer dizer que sua aposentadoria chegará a 125% do salário-de-benefício. O referido acréscimo: (a) será devido ainda que o valor da aposentadoria atinja o limite máximo legal; (b) será recalculado quando o benefício que lhe deu origem for reajustado; (c) cessará com a morte do aposentado, não sendo incorporável ao valor da pensão.

O aposentado por invalidez que retornar voluntariamente à atividade terá sua aposentadoria automaticamente cancelada, a partir da data do retorno.

Verificada a recuperação da capacidade de trabalho do aposentado por invalidez, será observado o seguinte procedimento: (I) quando a recuperação ocorrer dentro de cinco anos, contados da data do início da aposentadoria por invalidez ou do auxílio-doença que a antecedeu sem interrupção, o benefício cessará após tantos meses quantos forem os anos de duração do auxílio-doença ou da aposentadoria por invalidez; (II) quando a recuperação for parcial, ou ocorrer após o período do inciso I, ou ainda quando o segurado for declarado apto para o exercício de trabalho diverso do que habitualmente exercia, a aposentadoria será mantida, sem prejuízo da volta à atividade: (a) em seu valor integral, durante seis meses contados da data em que for verificada a recuperação da capacidade; (b) com redução de 50%, no período seguinte de seis meses; (c) com redução de 75%, também por igual período de seis meses, ao término do qual cessará definitivamente.

Desaparece a aposentadoria por tempo de serviço com a Emenda Constitucional nº 20/98. Apenas as pessoas que têm direito adquirido à referida aposentadoria, de forma proporcional, é que poderão requerê-la (art. 3º da Emenda Constitucional nº 20/98).

Para quem adquiriu o direito, a aposentadoria proporcional por tempo de serviço será concedida ao segurado com 30 anos e à segurada com 25 anos de tempo de serviço. A mulher terá renda mensal de 70% aos 25 anos de serviço (proporcional), mais 6% a cada novo ano completo de atividade até o máximo de 100% do salário-de-benefício quando atingir 30 anos de serviço. O homem terá 70% do salário-de-benefício aos 30 anos de serviço, mais 6% a cada novo ano completo de atividade, até o máximo de 100% do salário-de-benefício aos 35 anos de serviço. O período de carência é de 180 contribuições. A data da concessão da aposentadoria será a mesma que na aposentadoria por idade (art. 54 da Lei nº 8.213).

O segurado que se filiar ao regime geral de previdência social até 16-12-98 terá direito à aposentadoria integral quando, cumulativamente, atender aos seguintes requisitos: (a) contar com 53 anos de idade, se homem, e 48 anos de idade, se mulher; e (b) contar tempo de contribuição igual, no mínimo, à soma de: (1) 35 anos, se homem, e 30 anos, se mulher; e (2) um período adicional de contribuição equivalente a 25% do tempo que, em 16-12-98, faltaria para atingir o limite de tempo constante do número anterior.

Tendo o segurado se filiado ao regime geral de previdência social até 16-12-98, fará jus à aposentadoria proporcional, desde que tenha 53 anos de idade, se homem, e 48 anos de idade, se mulher, atendendo às seguintes condições: I – contar tempo de contribuição igual, no mínimo, à soma de: (a) 30 anos, se homem, e 25 anos, se mulher; e (b) um período adicional de contribuição equivalente a 40% do tempo que, na data de 16-12-98, faltaria para atingir o limite de tempo constante da alínea anterior; II – o valor da aposentadoria proporcional será equivalente a 70% do valor da aposentadoria do salário-de-contribuição corrigido, acrescido de 5% por ano de contribuição que supere a soma a que se refere o inciso anterior, até o limite de 100%.

Consiste o salário-de-benefício: (a) para os benefícios de aposentadoria por idade e por tempo de serviço, na média aritmética simples dos maiores salários--de-contribuição correspondentes a 80% de todo o período contributivo, multiplicado pelo fator previdenciário; (b) para os benefícios de aposentadoria por invalidez, aposentadoria especial, auxílio-doença e auxílio-acidente, na média aritmética simples dos maiores salários-de-contribuição correspondentes a 80% de todo o período contributivo.

O fator previdenciário será calculado considerando-se a idade, a expectativa de sobrevida e o tempo de contribuição do segurado ao se aposentar, segundo a seguinte fórmula:

$$f = \frac{Tc \times a}{Es} \times \left[1 + \frac{Id + Tc \times a}{100}\right]$$

Em que:

f = fator previdenciário;

Es = expectativa de sobrevida no momento da aposentadoria;

Tc = tempo de contribuição até o momento da aposentadoria;

Id = idade no momento da aposentadoria;

a = alíquota de contribuição correspondente a 0,31.

Para efeito do parágrafo anterior a expectativa de sobrevida do segurado na idade da aposentadoria será obtida com base na tábua completa da mortalidade construída pelo IBGE, considerando-se a média nacional única para ambos os sexos. A expectativa média de vida do brasileiro em 2010 era de 73,4 anos.

Na aplicação do fator previdenciário, ao tempo de contribuição do segurado serão adicionados cinco anos, quando se tratar de mulher.

2.3 Auxílio-doença

O auxílio-doença é devido ao segurado que ficar incapacitado por mais de 15 dias para o trabalho (art. 59 da Lei nº 8.213/91), desde que tenha cumprido o período de carência de 12 contribuições mensais.

Nos primeiros 15 dias da doença, o empregador doméstico não está obrigado a pagar o salário respectivo, justamente porque não é a empresa de que trata o § 3º do art. 60 da Lei nº 8.213/91. O art. 60 do Regulamento da Previdência

Social determina que o empregado doméstico tem direito de receber o auxílio-doença a contar do início da incapacidade. Assim, nota-se que o empregador doméstico não irá pagar os 15 primeiros dias de afastamento, que ficarão a cargo da própria Previdência Social.

A renda mensal do auxílio-doença é de 91% do salário-de-benefício.

O segurado em gozo de auxílio-doença, insuscetível de recuperação para sua atividade habitual, deverá submeter-se a processo de reabilitação profissional para o exercício de outra atividade. Não cessará o benefício até que seja dado como habilitado para o desempenho de nova atividade que lhe garanta a subsistência ou, quando considerado não recuperável, for aposentado por invalidez.

O segurado empregado em gozo de auxílio-doença será considerado como licenciado (art. 63 da Lei nº 8.213), não tendo o empregador de lhe pagar salários.

2.4 Salário-família

A Lei nº 4.266, de 3-10-1963, que criou o salário-família, não mencionava que tal benefício seria devido ao empregado doméstico. Ao contrário, determinava que "o salário-família (...) será devido, pelas empresas vinculadas à Previdência Social" (art. 1º). O empregador doméstico não pode ser considerado como empresa nem a ela equiparado. Logo, não era devido o salário-família ao empregado doméstico.

O parágrafo único do art. 7º da Constituição não faz menção ao inciso XII do mesmo artigo, que trata do salário-família. Logo, pelo dispositivo constitucional, o empregado não teria direito a salário-família para seus dependentes. O art. 65 da Lei nº 8.213/91 exclui expressamente o empregado doméstico entre os que têm direito ao salário-família. Assim, o doméstico não tem direito ao salário-família, mesmo tendo filhos.

O Presidente da República vetou na Lei nº 11.324/06 o dispositivo que assegurava o salário-família para o doméstico, pois não havia fonte de custeio para a instituição do benefício, violando o § 5º do art. 195 da Constituição.

Estima-se que a despesa com a criação do benefício do salário-família para o doméstico seria de R$ 318 milhões por ano, sem a correspondente fonte de custeio.

Continua aplicável o art. 65 da Lei nº 8.213/91, que exclui o direito ao salário-família em relação ao empregado doméstico.

2.5 Pensão por morte

É devida a pensão por morte aos dependentes do segurado doméstico falecido. Pouco importa se o segurado era ou não aposentado.

Não haverá período de carência para a pensão por morte (art. 26, I, da Lei nº 8.213).

A pensão será devida a contar da data do óbito ou da decisão judicial que reconhecer a morte presumida do segurado.

Quando se tratar de morte presumida, a data de início do benefício será a da decisão judicial.

A pensão por morte consiste numa renda mensal de 100% do salário-de--benefício do segurado falecido.

O benefício não poderá ser inferior a um salário-mínimo.

O cônjuge divorciado ou separado judicialmente ou de fato, que recebia pensão de alimentos, receberá a pensão em igualdade de condições com os dependentes.

O pagamento da cota individual da pensão por morte cessa: (a) pela morte do pensionista; (b) para o pensionista menor de idade, pela emancipação ou ao completar 21 anos, salvo se for inválido; (c) para o pensionista inválido, pela cessação da invalidez, verificada em exame médico-pericial a cargo da Previdência Social.

Com a extinção da cota do último pensionista, a pensão por morte será encerrada.

O pensionista inválido estará obrigado, independentemente de sua idade e sob pena de suspensão do benefício, a submeter-se a exame médico a cargo da Previdência Social, processo de reabilitação profissional por ela prescrito e custeado, e tratamento dispensado gratuitamente, exceto o cirúrgico e a transfusão de sangue, que são facultativos.

2.6 Auxílio-reclusão

Os dependentes do doméstico terão direito a receber auxílio-reclusão caso o segurado doméstico venha a ser preso. Não poderá o doméstico estar recebendo auxílio-doença, aposentadoria ou abono de permanência em serviço. O benefício é devido apenas a pessoas que ganham até R$ 915,05. Se o salário for superior, o benefício é indevido.

O auxílio-reclusão segue as mesmas regras da pensão por morte. Não há também período de carência. A renda mensal inicial será de 100% do salário-de--benefício do segurado.

O pedido de auxílio-reclusão deve ser instruído com certidão do efetivo recolhimento à prisão, firmada pela autoridade competente.

A data do início do benefício será a do efetivo recolhimento do segurado à prisão.

Será o auxílio-reclusão mantido enquanto o segurado estiver detido ou recluso, sendo suspenso com a soltura do empregado.

O beneficiário deverá apresentar trimestralmente atestado de que o segurado continua detido ou recluso, firmado pela autoridade competente.

No caso de fuga, o benefício será suspenso e, se houver recaptura do segurado, será restabelecido a contar da data em que esta ocorrer, desde que esteja ainda mantida a qualidade de segurado. Se houver exercício de atividade dentro do período de fuga, esse lapso de tempo será verificado para a constatação da perda ou não da qualidade de segurado.

Falecendo o segurado detido ou recluso, o auxílio-reclusão que estiver sendo pago será automaticamente convertido em pensão por morte.

2.7 Benefício por acidente do trabalho

O Decreto-lei nº 7.036, de 10-11-1944, expressamente incluía o empregado doméstico na proteção das normas relativas a acidente do trabalho.

Estabelecia o art. 22 da Lei nº 5.316, de 14-9-1967, que para os empregados domésticos "a extensão da previdência social ao acidente do trabalho se fará na medida de suas possibilidades técnicas e administrativas, respeitados os compromissos existentes na data do início da vigência desta lei". O art. 81 do Decreto nº 61.784, de 28-11-1967, que tratava do regulamento do seguro de acidente do trabalho, especificava que, "salvo quanto ao conceito de trabalho e ao de doença do trabalho, que serão os deste Regulamento, o seguro de acidentes do trabalho e a liquidação destes continuarão regulados pelo Decreto-lei nº 7.036, de 10-11-1944, e seu regulamento, aprovado pelo Decreto nº 18.809, de 5-6-1945, para (...) II – os empregados e empregadores domésticos".

A Lei nº 6.367, de 19-10-1976, tratou do seguro de acidente do trabalho, porém excluiu expressamente de suas disposições os empregados domésticos (art. 1º, § 2º).

O empregado doméstico que eventualmente sofra acidente do trabalho não terá direito a qualquer prestação da Previdência Social, pois o empregador não recolhe prestação de custeio de acidente do trabalho. O art. 19 da Lei nº 8.213/91 menciona que o acidente do trabalho é o que ocorre quando o trabalhador está a serviço da empresa. Acontece que o empregador doméstico não é considerado empresa nem tem por objetivo atividade lucrativa. Logo, ainda que exista o acidente do trabalho com o empregado doméstico, este não fará jus a qualquer prestação da Previdência Social, como auxílio-acidente, auxílio-doença acidentário ou aposentadoria por invalidez acidentária. O § 1º do art. 18 da Lei nº 8.213 dispõe que as prestações de acidente do trabalho somente são devidas aos segurados empregado, especial e trabalhador avulso, excluindo, portanto, o empregado doméstico.

Realmente, é injusto que ocorra o acidente do trabalho e o empregado doméstico não seja beneficiado com prestação acidentária, porém é nesse sentido a disposição da lei.

2.8 Seguro-desemprego

O Decreto-lei nº 2.284, de 10-3-1986, tratou do seguro-desemprego no art. 25, dizendo que tal benefício seria devido ao trabalhador desempregado em razão de dispensa sem justa causa ou por paralisação, total ou parcial, das atividades do empregador.

O parágrafo único do art. 7º da Constituição, que assegura à categoria dos trabalhadores domésticos os direitos previstos em diversos de seus incisos, não fez expressa referência ao inciso II, que trata do seguro-desemprego. Pela Lei Maior o empregado doméstico não teria, portanto, direito ao seguro-desemprego. Nada impediria, porém, ser tal benefício concedido por meio de lei ordinária.

A Lei nº 7.998, de 11-1-1990, nos incisos I e II do art. 3º, estabelece que tem direito a seguro-desemprego o trabalhador que receber salários de pessoa jurídica ou pessoa física a ela equiparada. O empregado doméstico não presta, porém, serviços a pessoa jurídica, mas a pessoa física ou família, nem a pessoa física equiparada a pessoa jurídica, que seria o empregador por equiparação, de que trata o § 1º do art. 3º da CLT, isto é, os trabalhadores autônomos, entidades beneficentes, ou as pessoas físicas equiparadas a jurídicas pela legislação do imposto de renda, como a firma individual etc. Nesse conceito, não poderia ser incluído o empregador doméstico, pois não é pessoa jurídica ou pessoa física equiparada a jurídica.

O art. 26 do Decreto-lei nº 2.284 estabeleceu que o seguro-desemprego é devido ao trabalhador conceituado na forma do art. 3º da CLT, que define o empregado urbano. O Decreto nº 92.608, de 30-4-1986, regulamentou o Decreto-lei nº 2.284, conforme o art. 43 desta última norma. Estabelece seu art. 3º que o seguro-desemprego é devido ao empregado, "assim definido no art. 3º da CLT". Isso mostra que só tem direito ao seguro-desemprego o empregado sujeito às regras da CLT e não o doméstico.

Passou a prever o art. 6º-A da Lei nº 5.859/72 o direito do empregado doméstico ao seguro-desemprego.

De outro lado, o art. 239 da Lei Maior determinou que o PIS e o Pasep passam a custear o programa de seguro-desemprego. Todavia, o empregador doméstico não recolhe PIS. Assim, não participa do custeio do programa de seguro-desemprego. Por mais esse motivo o empregado doméstico não tem direito ao citado benefício, justamente porque não há custeio do empregador desse direito previdenciário (art. 201, III, da Constituição), que só pode ser concedido a algum trabalhador se houver a correspondente fonte de custeio total (§ 5º do art. 195 da Lei Magna). Logo, há necessidade de custeio específico para que haja a extensão do seguro-desemprego para o empregado doméstico, sendo inconstitucional, nesse ponto, o art. 6º-A da Lei nº 5.859/72, por não prever a forma de custeio total para o benefício.

O art. 1º da Lei nº 8.019/90 estabelece que a arrecadação das contribuições do PIS e do Pasep serve para a cobertura integral das necessidades do Fundo de Amparo ao Trabalhador (FAT). Dispõe o art. 2º da Lei nº 10.208/01 que as despesas decorrentes do pagamento do seguro-desemprego serão atendidas à conta dos recursos do FAT.

São distintos os benefícios e o custeio do FGTS e do seguro-desemprego. Um não depende do outro, nem se relacionam, embora sejam utilizados quando o empregado é dispensado.

Será, porém, o seguro-desemprego devido apenas em caso de desemprego involuntário. Caso o empregado peça demissão ou seja dispensado por justa causa, não fará jus ao seguro-desemprego.

Os arts. 6º-A e 6º-B da Lei nº 5.859/72 passaram a assegurar o direito do doméstico ao seguro-desemprego, mas foram vetados.

As razões do veto ao seguro-desemprego para o empregado doméstico foram:

> "No que pertine ao seguro-desemprego a medida aprovada é inadequada, pois, ao mesmo tempo em que institui obrigatoriedade de depósito do FGTS, retira a necessidade de comprovação da sua efetivação. Atualmente o depósito é facultativo e o direito ao benefício é condicionado à comprovação do depósito do FGTS e a medida, que o torna obrigatório, exclui a exigência de comprovação do depósito."

O seguro-desemprego continua sendo devido ao empregado doméstico apenas se o empregador doméstico fizer depósitos do FGTS para o obreiro.

O benefício do seguro-desemprego será concedido ao trabalhador, vinculado ao FGTS, que tiver trabalhado como doméstico por um período mínimo de 15 meses nos últimos 24 meses, contados da data de sua dispensa sem justa causa.

Para se habilitar ao seguro-desemprego, o trabalhador deverá apresentar ao órgão competente do Ministério do Trabalho e Emprego:

a) CTPS, na qual deverá constar a anotação do contrato de trabalho doméstico e a data da dispensa, de modo a comprovar o vínculo empregatício, como empregado doméstico, durante pelo menos 15 meses nos últimos 24 meses;

b) termo de rescisão do contrato de trabalho atestando a dispensa sem justa causa;

c) comprovantes do recolhimento da contribuição previdenciária e do FGTS, durante o período referido na alínea *a*, na condição de empregado doméstico;

d) declaração de que não está em gozo de nenhum benefício de prestação continuada da Previdência Social, exceto auxílio-acidente e pensão por morte; e

e) declaração de que não possui renda própria de qualquer natureza, suficiente a sua manutenção e de sua família.

Na contagem do tempo de serviço de que trata a alínea *a* serão considerados os meses em que foram efetuados depósitos no FGTS, em nome do trabalhador como empregado doméstico, por um ou mais empregadores.

Considera-se um mês de atividade, para efeito da alínea *a*, a fração igual ou superior a 15 dias.

O valor do benefício do seguro-desemprego do empregado doméstico corresponderá a um salário-mínimo e será concedido por um período máximo de três meses, de forma contínua ou alternada, a cada período aquisitivo de 16 meses.

O seguro-desemprego deverá ser requerido de 7 a 90 dias contados da data da dispensa.

O benefício do seguro-desemprego só poderá ser requerido novamente a cada período de 16 meses decorridos da dispensa que originou o benefício anterior, desde que satisfeitas as condições mencionadas anteriormente.

O empregado doméstico também não terá direito ao PIS, mesmo ganhando até dois salários-mínimos, pois o empregador doméstico, não tendo faturamento, está desobrigado de recolher o PIS.

2.9 Abono anual

O doméstico terá direito ao abono anual, que é o 13º salário de quem recebeu pagamento continuado do INSS a título de auxílio-doença, auxílio-acidente, aposentadoria, ou ao dependente que recebeu pensão por morte ou auxílio-reclusão. O abono anual é pago até o dia 15 de janeiro do ano seguinte ao do recebimento do benefício. O valor é igual ao da renda mensal do benefício de dezembro, ou de forma proporcional aos meses em que o segurado percebeu benefício, entendendo-se por mês o período igual ou superior a 15 dias.

Responsabilidade Civil das Agências de Empregados Domésticos   24

Agências são empresas que fazem colocação de trabalhadores. Não se confundem com as empresas de trabalho temporário. Nestas, há vínculo de emprego com o trabalhador temporário. Nas agências, há apenas intermediação para a colocação do trabalhador no tomador, sem qualquer relação de emprego.

A Lei nº 7.195, de 12-6-1984, regulou a responsabilidade civil das agências de empregados domésticos.

Na prática, vinham proliferando as empresas especializadas em colocação de empregados domésticos. Ocorre que essas empresas não queriam responsabilizar-se pelas atitudes do empregado doméstico, caso ocorresse um furto, funcionando apenas como intermediárias nessa colocação, sem garantir a idoneidade das pessoas colocadas para trabalhar para o empregador doméstico. Eram observados abusos nessas colocações de domésticos, sem que as agências assumissem nenhuma responsabilidade pela intermediação pactuada. Assim, o objetivo da lei foi coibir a prática abusiva que vinha ocorrendo por parte de certas empresas.

Deve, portanto, a agência ter maiores cuidados na seleção de pessoas para colocar nas residências dos empregadores domésticos.

O art. 1º da referida norma prevê que as agências especializadas na indicação de empregados domésticos são civilmente responsáveis pelos atos ilícitos cometidos por aqueles no desempenho de suas atividades.

Pelo que se depreende da disposição legal, as agências só serão responsáveis em caso de práticas de atos ilícitos feitas pelo empregado, como de furto etc. Com isso se pretende que as agências indiquem pessoas idôneas e tenham responsabilidade pela citada indicação.

A responsabilidade passa a ser objetiva, por estar prevista em lei. Na prática, as agências já eram responsabilizadas com base no art. 186 do Código Civil, que dispõe que aquele que por culpa ou dolo causar prejuízo a outrem fica obrigado a reparar o dano causado.

A novidade da lei é que se fixa um prazo pelo qual a agência é responsabilizada pelos atos dos empregados domésticos. O prazo é de um ano.

O art. 2º da Lei nº 7.195 determina que deverá haver contratação por escrito entre o empregador doméstico e a agência quanto à colocação do empregado doméstico, na qual a agência se responsabiliza a reparar qualquer dano que venha a ser praticado pelo empregado contratado.

A competência para julgar as questões entre o empregador doméstico e a agência de colocação não será da Justiça do Trabalho, pois não se trata de relação entre empregado e empregador. A relação mencionada ocorre entre uma pessoa física (empregador doméstico) e uma empresa (agência), na qual não se discute questão de trabalho, porém responsabilidade por danos causados. Assim, a competência será da Justiça Comum Estadual.

Direito Internacional e Legislação Estrangeira 25

1 Direito internacional

1.1 OIT

A Convenção nº 24, da OIT, de 1927, trata do seguro-enfermidade e o estende aos empregados domésticos. A Recomendação 79 sobre exame médico de aptidão para o emprego dos menores e estabelece expressamente que se aplica aos domésticos. As Convenções n°s 35 e 36, de 1933, que versam sobre a proteção aos idosos, são aplicadas aos trabalhadores urbanos, entre os quais os domésticos. As Convenções n°s 37 e 38, sobre invalidez, aplicam-se também aos trabalhadores agrícolas, incluindo-se os domésticos dos empregadores agrícolas (art. 2º). Nenhuma dessas convenções foi ratificada pelo Brasil.

O Brasil aprovou a Convenção nº 103 da OIT, de 28-6-1952, por meio do Decreto Legislativo nº 20, de 30-4-1965, tendo sido promulgada pelo Decreto nº 58.821, de 14-7-1966. Versa a Convenção nº 103 sobre o amparo à maternidade. A referida norma internacional visa também assegurar tutela "ao trabalho assalariado doméstico efetuado em casas particulares" (art. I, 3, *h*).

Foram aprovadas em 2011 na OIT, em Genebra, a Convenção nº 189 e a Recomendação nº 201, sobre o trabalho decente para as trabalhadoras e os trabalhadores domésticos. A Convenção não está em vigor no âmbito internacional, pois não foi ratificada por dois Estados-membros (art. 21, 2). Isso somente poderá ocorrer depois de 12 meses após a segunda ratificação. Os trabalhadores domésticos não podem sofrer abuso, assédio ou violência (art. 5º). De preferência, o contrato do trabalho doméstico deverá ser feito por escrito (art. 7º). O pagamento do salário do doméstico deve ser feito em moeda corrente (art. 12). A Recomendação nº 201 da OIT estabelece: proibição de exames de gravidez para admissão no emprego (1, *e*), licença-saúde (6, 2, *b*), registro de ponto de jornada de trabalho (8,1), condições de moradia, quando fornecida pelo empregador (art. 17), regras específicas de proteção ao trabalhador migrante (art. 21).

1.2 Declarações de direitos

A Carta Internacional Americana de Garantias Sociais, de Bogotá, de 1948, assegura ao trabalhador doméstico o direito a que a lei lhe dê proteção em matéria de salário, jornada de trabalho, descanso, férias, indenização por despedida e, em geral, prestações sociais cuja extensão e natureza sejam determinadas de acordo com as condições e peculiaridades de seu trabalho. Os que prestam serviços de caráter doméstico em empresas industriais, sociais e demais equiparadas serão considerados como trabalhadores manuais e terão os direitos reconhecidos a estes (art. 22).

2 Legislação estrangeira

Neste tópico, irei analisar as legislações de outros países no que diz respeito ao empregado doméstico. Não houve critério específico para a escolha deste ou de outro país a ser estudado. Houve, sim, certa dificuldade na obtenção das legislações; daí por que são estudadas aquelas que foram encontradas. Os países ou têm uma legislação especial sobre o doméstico, ou o incluem no próprio Código de Trabalho, quando o possuem.

Na Europa, nos Estados Unidos e no Canadá, a mão de obra doméstica é escassa e muito cara. Muitas famílias, por não terem condições financeiras de pagar o empregado doméstico, acabam utilizando-se de máquinas para suprir o referido serviço, como lava-roupas, lava-louças, micro-ondas, secadoras etc.

2.1 Alemanha

Na Alemanha, é considerado trabalho doméstico, "em sentido amplo, aquele prestado à casa alheia e, em sentido estrito, o prestado por empregado admitido na comunidade familiar. Pelo primeiro, será doméstico não só o trabalhador admitido, isto é, incorporado na casa (residindo ou não), como aquele que lhe preste serviços em determinados dias da semana, contínua ou alternadamente, em horário reduzido ou integral. Na categoria destes trabalhadores aponta-se a doméstica a dia (...)" (Vilhena, 1975:287).

Geralmente, são feitos contratos coletivos de trabalho para os domésticos, dependendo do sindicato a que façam parte, como NGG (trabalho em casa privada – como em cozinha grande ou cantina), GGLF (trabalho em chácara ou fazenda) ou ÖTV (trabalho em instituição municipal ou estadual).

Há orientação de que o contrato de trabalho do doméstico deva ser feito por escrito, contendo: início do trabalho, valor do salário, jornada de trabalho, descansos e salário *in natura*.

Normalmente, os contratos coletivos estabelecem a duração semanal do trabalho em 38 horas e 30 minutos, entre 6 horas e 20 horas. A jornada não pode ultrapassar 10 horas, em cinco dias úteis. Há intervalo de 20 minutos para café pela manhã ou sesta e de 30 minutos para almoço ou lanche. O intervalo entre jornadas é de 11 horas.

As férias são regidas pelo contrato coletivo. Em sua ausência, aplica-se a Lei Federal de férias, que estabelece que as férias anuais são de 18 dias úteis, considerados de segunda-feira a sábado (§ 3º, art. 1º). Muitas vezes, os contratos coletivos preveem férias entre 25 e 29 dias úteis por ano, em semana de cinco dias. Uma parte das férias não pode ser vendida.

O prazo de prescrição para o doméstico não é previsto em contratos coletivos, aplicando-se o prazo de dois anos, previsto no Código Civil, em caso de diferenças salariais.

O empregador doméstico deve fazer seguro contra acidentes para o empregado doméstico.

2.2 Argentina

O Decreto-lei nº 326, de 14-1-1956, regula o emprego doméstico. Trata do trabalho dos empregados domésticos de ambos os sexos que prestem serviços na vida doméstica e que não tragam para o empregador lucro ou benefício econômico. Não se consideram domésticos os trabalhadores que prestem serviços por tempo inferior a um mês, os que laborem menos de quatro horas diárias ou que trabalhem menos de quatro dias na semana, para o mesmo empregador (art. 1º).

Não são empregadas no serviço doméstico as pessoas aparentadas com o dono da casa, nem aquelas que sejam exclusivamente contratadas para cuidar de enfermos ou conduzir veículos (art. 2º). Isso mostra que o motorista não é considerado empregado doméstico, tendo regulamentação específica na Lei nº 12.647/46.

No serviço doméstico, não podem ser contratados menores de 14 anos.

Os filhos menores de 14 anos que vivam com seus pais no domicílio do dono da casa não serão considerados como empregados no serviço doméstico, tampouco as pessoas que acompanhem no alojamento o empregado no serviço doméstico e que tenham parentesco com ele.

O trabalhador doméstico tem direito a: (a) repouso diário noturno de no mínimo nove horas consecutivas, que só poderá ser interrompido por causas graves e urgentes. Deverá gozar de um descanso diário de três horas entre suas tarefas matutinas e vespertinas; (b) descanso semanal de 24 horas corridas e dois meios dias por semana a partir de 15 horas, que serão fixados de acordo com as necessidades do empregado e do empregador; (c) um período continuado de descanso anual, com pagamento de salário de: (1) 10 dias quando a antiguidade do trabalhador for superior a um ano e não exceda a cinco anos; (2) 15 dias quando a antiguidade do empregado for de cinco anos e não exceda a dez; (3) 20 dias quando a antiguidade for superior a dez anos; (4) durante o período de férias, quando houver sido convencionada a prestação de habitação e manutenção a cargo dos empregados, estas últimas poderão ser objeto de convênio entre as partes. Não se chegando a acordo, o empregador, à sua opção, poderá substituir as referidas prestações, ou uma delas, por seu equivalente em dinheiro. O empregador terá direito de fixar o período de férias, devendo dar aviso ao empregado com 20 dias de antecipação; (d) licença paga por enfermidade de até 30 dias ao ano, a contar de seu ingresso, devendo o empregador velar para que o empregado receba a atenção médica necessária, que estará a cargo do último. Se a enfermidade for infecto-contagiosa, o empregado deverá internar-se em um serviço hospitalar; (e) habitação higiênica; (f) alimentação sadia e suficiente; (g) uma hora semanal para assistir aos serviços de seu culto.

O empregado doméstico deverá guardar lealdade e respeito ao empregador, sua família, respeitar as pessoas que moram na casa, cumprir as instruções de serviços, cuidar das coisas confiadas a sua vigilância e diligência, guardar reserva dos assuntos da casa e do segredo familiar em matéria política, moral e religiosa e desempenhar suas funções com zelo e honestidade, fazendo tudo para poder realizá-las, sendo responsável pelo dano que causar por dolo, culpa ou negligência.

As injúrias contra a honra e os interesses do empregador e de sua família, a vida desonesta do empregado, as transgressões graves ou reiteradas às prestações contratadas facultam ao empregador dissolver o vínculo laboral sem a obrigação de indenizar por pré-aviso e antiguidade.

O empregado poderá considerar-se despedido e com direito ao pagamento de indenização por pré-aviso e antiguidade quando receber maus-tratos ou injúrias do empregador ou de seus familiares, ou em caso de descumprimento do contrato por parte do último.

A partir de 90 dias de iniciado o contrato de trabalho, este não poderá ser dissolvido por vontade de nenhuma das partes sem prévio aviso de cinco dias de antecipação, se a antiguidade do empregado for inferior a dois anos, e de dez dias, quando maior. Durante o referido prazo, o empregado gozará de duas horas diárias para procurar nova ocupação. Se o aviso-prévio for do empregador, poderá este pagar ao empregado uma indenização correspondente ao referido período, devendo o empregado desocupar a habitação no prazo de 48 horas. Quando a rescisão do contrato de trabalho for feita por parte do empregador, desde que o empregado tenha mais de um ano de casa, deverá ser paga indenização equivalente a meio mês de salário por ano de serviço ou fração superior a três meses.

O empregado doméstico tem direito a um livreto de trabalho, que seria a CTPS argentina, que deverá ser expedido gratuitamente pelo Ministério do Trabalho. No livreto será anotado o salário, o nome do empregado e do empregador, o início e o término do contrato de trabalho, os dias fixados para o descanso semanal, a fixação das férias e a anotação do pré-aviso. Para obter o livreto, o empregado deverá apresentar certificado de boa conduta, certificado de boa saúde e aptidão, documento de identidade e duas fotografias. Os dois primeiros documentos deverão ser renovados anualmente.

Tem direito, ainda, o doméstico a salário-mínimo fixado pelo Poder Executivo.

O Decreto nº 7.979, de 30-4-1956, regulamenta o estatuto do serviço doméstico. Estabelece que o trabalho doméstico inclui não só o trabalho manual, como também o intelectual. A referida norma cria o Conselho de Trabalho Doméstico, vinculado ao Ministério do Trabalho e Previdência Social, órgão incumbido de solucionar as controvérsias entre empregados e empregadores domésticos.

A Lei nº 20.744, de 20-9-1974, com as modificações da Lei nº 21.297, versa sobre o contrato de trabalho. Foi ordenada pelo Decreto nº 390, de 13-5-1976. A alínea *b* do art. 2º exclui de suas disposições os trabalhadores domésticos, que, portanto, continuam com suas regras especificadas pelo Decreto-lei nº 326.

2.3 Chile

O art. 61 do Código de Trabalho estabelece que são empregados de casas particulares as pessoas que se dediquem, de forma contínua e a um só patrão, a trabalhos próprios do serviço de um lar, como os de lavagem, *sirvientes de mano*, cozinheiros, *ninheiras* etc. Declara, ainda, o mesmo artigo que o trabalho dos empregados em casas particulares não estará sujeito a horário, que será determinado pela natureza do labor, devendo ter, normalmente, um descanso mínimo de nove horas.

O contrato com o doméstico deve ser firmado por escrito (art. 4º). Há um período de experiência de duas semanas, existindo aviso-prévio de três dias (art. 66). Expirado o referido período de prova, o aviso-prévio será de 15 dias, tendo direito o empregado a duas horas diárias para procurar novo emprego (art. 71). Pode o contrato de trabalho ser rescindido em virtude de doença contagiosa de ambas as partes. A morte do empregador não implica cessação do contrato de trabalho, que deve ser mantido com seus parentes.

Tem direito o doméstico a férias de 15 dias por ano; depois de dez anos de trabalho, o doméstico faz jus a um dia a mais de férias a cada três anos de trabalho (art. 65).

Ficando o empregado doente, o empregador deve mantê-lo pelo período de oito dias, nos primeiros seis meses de serviço, não sendo, porém, devidos salários; 15 dias, quando o contrato tiver duração superior a seis meses e inferior a 12 meses; 30 dias, quando o empregado tiver mais de um ano de serviço (art. 72). Deve-se comunicar a doença ao Serviço de Seguro Social, pois os domésticos são filiados a tal sistema.

É vedada a discriminação dos salários por motivo de sexo (art. 35). O juiz do trabalho pode determinar que a mulher receba 50% do salário do marido, quando este for declarado vicioso (art. 49).

O prazo de prescrição para a cobrança de salários e demais direitos previstos na lei federal é de 60 dias.

2.4 Colômbia

O Código Substantivo de Trabalho regula também o contrato de trabalho do empregado doméstico.

Assegura o Código tratamento diferenciado aos choferes de serviços domésticos (art. 103). A essas pessoas aplicam-se as disposições para os trabalhadores domésticos, exceto quanto ao término do contrato, férias e auxílio-doença, que ficam adstritos à legislação ordinária. O aviso-prévio é de sete dias (art. 103).

No trabalho doméstico, o período de prova é de 15 dias (art. 77). Está o doméstico excluído da limitação máxima da jornada de trabalho (art. 162, *b*). É possível o trabalho em dias de descanso, desde que haja retribuição ou folga compensatória (art. 175, *c*).

O menor pode trabalhar em período noturno no serviço doméstico (art. 171, nº 2).

A indenização por cessação do contrato de trabalho será paga em dinheiro, correspondendo a 15 dias de salário por ano de serviço (art. 252, nº 2), sendo que no respectivo pagamento se deve computar apenas a parcela recebida em dinheiro.

As regras a respeito de acidente do trabalho e moléstias profissionais não são aplicadas ao doméstico (art. 223, *d*). Se a doença não for profissional, o doméstico faz jus a assistências médica e farmacêutica, recebendo salário por um mês.

2.5 Espanha

Na Espanha, as relações de trabalho doméstico são consideradas relações de trabalho de caráter especial, conforme art. 2º, 1, *b*, do Estatuto dos Trabalhadores.

O Real Decreto nº 1.424, de 1º-8-1985, trata do trabalho doméstico.

As características do empregado doméstico na Espanha são de que o serviço geralmente é feito na residência do empregador, que não tem fins lucrativos com o serviço prestado pelo empregado. O espanhol considera o doméstico uma espécie de membro da família para a qual presta serviços, em razão de sua formação cristã.

Quaisquer tarefas podem ser realizadas pelo doméstico, compreendendo o conjunto do lar ou uma de suas partes, incluindo serviços de guarda, jardinagem, condução de veículos e outros.

São excluídos da condição de domésticos os trabalhos de familiares e os realizados a título de amizade, benevolência ou boa vizinhança.

O lar é considerado tanto uma residência fixa, quanto móvel (*trailer, rouloutte, embarcação*).

A família pode ser considerada não só pelo grau de parentesco entre as pessoas, mas também pelo fato de morarem no mesmo local, em razão de laços de companheirismo, amizade, religião, educação.

2.6 Equador

O Código de Trabalho equatoriano regula também o trabalho do doméstico. O trabalho doméstico é definido como o prestado mediante remuneração a uma pessoa que não persegue finalidade lucrativa, que aproveita, em sua moradia, os serviços contínuos do trabalhador, para si ou para sua família.

Trabalhadores domésticos são as pessoas de um ou outro sexo que desempenham de forma habitual e contínua os trabalhos de asseio, assistência e outros serviços internos de uma casa ou outro lugar da residência ou habitação particular ou de instituições de beneficência pública, que não importem lucro para o empregador. São também domésticos os choferes de serviço familiar (art. 144 do Código de Trabalho).

Os direitos do empregado doméstico são: contrato de trabalho firmado no prazo máximo de três anos; período de prova de 15 dias; descanso a cada 15 dias; férias anuais de 15 dias; aviso-prévio em caso de rescisão injustificada no contrato de trabalho de prazo indeterminado; indenização no caso de despedida injusta igual à do trabalhador comum, computada apenas a parcela recebida em dinheiro.

2.7 Itália

O Real Decreto-lei nº 692, de 15-3-1923, limitou a jornada de trabalho, porém excluiu expressamente de sua aplicação os trabalhadores domésticos (art. 1º, 2). O Real Decreto nº 1.955, de 10-9-1923, regulamentou a norma anterior, definindo o trabalho doméstico como "toda a prestação inerente ao normal funcionamento da vida interna de uma família ou convivência, como: colégio, convento, caserna, estabelecimento de pena" (art. 3º, 1). Verifica-se que o trabalho doméstico abrangia outras formas de convivência, podendo ser realizado no âmbito familiar ou não.

O Código Civil de 1942 versou sobre o trabalho doméstico no Capítulo II do Livro V ("Das relações especiais do trabalho subordinado") do Título IV. Os arts. 2.240 a 2.246 tratam dos direitos do trabalhador doméstico: período de prova de oito dias, alimentação, alojamento e assistência na doença de curta duração, repouso semanal remunerado segundo os usos e costumes e férias não inferiores a oito dias, aviso-prévio e indenização de ancianidade, atestado das funções e tempo de serviço na cessação do contrato. O Decreto-lei nº 940, de 27-12-1953, assegurou também ao doméstico o 13º salário. O art. 2.068 excluiu a contratação coletiva em relação aos empregados domésticos.

A Lei nº 339, de 2-4-1958, regulou o trabalho doméstico em relação às pessoas que trabalhavam mais de quatro horas diárias para um mesmo empregador. Os empregados domésticos que trabalhavam menos de quatro horas diárias ficavam ainda sujeitos às determinações do Código Civil.

Definiu a Lei nº 339 o empregado doméstico como o que presta serviços para o funcionamento da vida familiar (art. 5º, 1). Admite-se também que seja doméstico o que presta prevalentemente serviços dessa natureza, ainda que haja atividade com fim lucrativo do empregador. A Lei nº 339 estabelece como direitos do empregado doméstico: repouso semanal de um dia inteiro, que deve coincidir com o domingo, ou dois meios dias, um dos quais deve coincidir com o domingo (art. 7º); repouso conveniente durante o dia e ao menos oito horas consecutivas de repouso noturno (art. 8º); meio dia livre nos feriados (art. 9º); férias, de 15 a 20 dias, de acordo com o tempo de serviço do empregado (art. 10); licença remunerada de 15 dias em razão de casamento (art. 15); pré-aviso não inferior a 15 dias (art. 16); indenização de ancianidade (art. 17); indenização em caso de morte do trabalhador em benefício de seus dependentes (art. 18); e 13º salário, na conformidade da Lei nº 940/53.

Existe na Itália o chamado trabalhador em família ou trabalhador familiar. Giuliano Mazzoni e Aldo Grechi afirmam que "a qualificação do trabalhador familiar não se confunde com a do doméstico. Trata-se de membro de uma mesma família que presta seu próprio trabalho em comparação ao chefe da casa para colaborar no exercício de uma atividade econômica ou de atividade profissional" (1951:96-97).

2.8 México

O Código Civil de 1870 continha poucas determinações sobre o trabalho do doméstico. A Constituição de 1917 determinava no art. 123 que a lei deveria regular o trabalho do doméstico.

A Lei do Trabalho de 1931 não especificou muitas regras sobre o trabalho doméstico. O art. 427, adicionado a tal norma em 1933, estabelecia que não se aplicava ao doméstico o salário-mínimo.

A Lei Federal do Trabalho de 1970 regula o trabalho doméstico em capítulo próprio, incluído no título que trata dos contratos especiais de trabalho. Trata o art. 331 do conceito de trabalhador doméstico: "trabalhadores domésticos são os que prestam os serviços de asseio, assistência e demais próprios e inerentes ao lugar de uma pessoa ou família". O art. 332 especifica que ficam excluídos das disposições relativas aos domésticos os hotéis, hospitais, colégios, porteiros e zeladores de edifícios de apartamentos e escritórios. Os domésticos não fazem jus à estabilidade. O prêmio de antiguidade é estabelecido em 12 dias de salário por ano de serviço. O trabalhador doméstico tem direito a repouso suficiente para fazer suas refeições e descansar à noite (art. 323), porém não é limitada a jornada de trabalho. O art. 336 determina que o doméstico tem direito ao salário-mínimo. Os alimentos e a habitação são estimados em 50% do salário. Há direito a indenização, em caso de rescisão injustificada do contrato de trabalho, nas mesmas bases da que seria devida a um trabalhador comum, salvo se a rescisão for feita no período equivalente aos primeiros 30 dias de trabalho. O art. 338 assegura ao doméstico a filiação facultativa à previdência social, porém, em caso de doença, o empregador deverá pagar ao empregado até um mês de salário, desde que possua mais de seis meses de serviço. Falecendo o empregado doméstico, o patrão deve pagar as despesas de funeral. O empregado doméstico não pode sindicalizar-se, pois a sindicalização é reservada a quem trabalha em empresa.

2.9 Paraguai

O Código paraguaio do Trabalho trata do tema no Capítulo IV do Título III. Define os trabalhadores domésticos como "as pessoas de um ou de outro sexo, que desempenham, de forma habitual, os serviços de limpeza, assistência e outros inerentes ao interior de uma casa ou outro lugar de residência e de habitação particular" (art. 148). São considerados empregados domésticos, entre outros: os choferes de serviço familiar, amas, mucamas, lavadeiras ou passadeiras em casas particulares, *ninheiras*, cozinheiras de casa de família e suas ajudantes, jardineiros em relação de dependência e ajudantes, pessoas que cuidam de enfermos, anciãos e inválidos.

As pessoas que se dedicam a atividade industrial ou comercial deixam de ser domésticos.

O salário do doméstico não pode ser inferior a 40% do salário-mínimo para tarefas diversas não especificadas na zona do país onde presta serviços.

Tem direito o doméstico a: descanso diário de dez horas, sendo oito noturnas e duas destinadas a refeições; repouso semanal de meio dia; férias anuais remuneradas, da mesma forma que em relação aos trabalhadores comuns; aviso-prévio, desde que vencido o período de prova de 7 a 15 dias, e tendo o empregado mais de um ano de serviço; rescisão do contrato de trabalho em caso de doença infecto-contagiosa de qualquer habitante da casa; pagamento de despesas de funeral a cargo do empregador, em caso de morte do trabalhador.

2.10 Peru

O Peru tratou do trabalho doméstico em leis de 30-4-1957 e 10-3-1970. A primeira norma define os trabalhadores domésticos como "aqueles que se dedicam de forma habitual e contínua aos serviços de limpeza, cozinha, assistência e outros pertinentes à conservação de uma residência ou habitação e ao desenvolvimento da vida do lar, que não acarretem lucro para o patrão ou seus familiares". Verifica-se da referida definição que a citada norma conceitua o empregado doméstico a partir do tipo de atividade que desenvolve. Assegura ainda a noticiada norma período de prova de 15 dias; obrigação do patrão de proporcionar ao empregado alimentação e moradia, além da fixação do salário; o empregado deve ter oito horas de descanso noturno; 24 horas de descanso semanal, além de nos dias 1º de maio, 28 de julho e 25 de dezembro; férias de 15 dias por ano, calculadas com base no salário pago em dinheiro; aviso-prévio de 15 dias e indenização equivalente a 15 dias de remuneração por ano de serviço, em caso de rescisão injustificada do contrato de trabalho. O doméstico também é participante obrigatório do seguro social.

César A. Orrego considera "empregador toda pessoa natural que, sem intuito de lucro, empregue trabalhadores para o serviço doméstico. Quando se trate de várias pessoas naturais que vivam no mesmo lugar, tenham ou não relação familiar entre eles, se considera como empregador, quem seja titular do local em que habitem (Resolución Suprema 400-71-TR, de 19 de outubro de 1971)" (*Legislación del trabajo doméstico*, Lima Editorial los Rotarios, 1972. p. 12).

2.11 Portugal

O serviço doméstico é excluído do âmbito de aplicação do Código de Trabalho, consistindo essencialmente na prestação de trabalho à satisfação direta de necessidades pessoais de um agregado familiar ou equiparado. Seu regime é determinado pelo Decreto-lei nº 508, de 21-10-1980.

Contrato de serviço doméstico é aquele pelo qual uma pessoa se obriga, mediante retribuição, a prestar a outrem com caráter regular, sob a sua direção e autoridade, atividades destinadas à satisfação das necessidades próprias ou específicas de um agregado familiar ou equiparado e dos respectivos membros (art. 2º, 1). São empregados domésticos: os que fazem refeições, lavagem e tratamento de roupas, limpeza e arrumação da casa, vigilância e assistência a crianças e pessoas idosas, execução de tarefas externas relacionadas com as anteriores, execução de serviços de jardinagem e de costura, coordenação e supervisão de tarefas anteriormente mencionadas, outras atividades de caráter similar consagradas pelos usos e costumes.

O contrato de trabalho doméstico pode ser celebrado com ou sem alojamento e com ou sem alimentação. Pode ser por tempo integral ou parcial. Não está sujeito à forma especial (art. 3º).

Não podem ser admitidos a prestar serviço doméstico os menores que não tenham completado 16 anos de idade (art. 16).

Haverá um período experimental de dois meses, salvo estipulação pela qual seja eliminado ou encurtado. Durante o período experimental qualquer das partes pode fazer cessar o contrato sem aviso-prévio ou alegação de justa causa, não havendo direito a indenização.

Tem o trabalhador alojado direito, em cada dia, a gozar de intervalos para descanso e refeições, que, no seu conjunto, não poderão ser inferiores a duas horas diárias, bem como a um repouso de, pelo menos, oito horas consecutivas.

O trabalhador doméstico alojado e o não alojado contratado a tempo inteiro têm direito a um dia de descanso semanal, que deve coincidir, em regra, com o domingo, não podendo sofrer redução na retribuição por esse motivo. Pode o descanso recair em outro dia da semana ou ser repartido em dois períodos a gozar em dias diferentes.

A retribuição do trabalhador doméstico pode ser paga parte em dinheiro e parte em espécie, designadamente pelo fornecimento de alojamento condigno e/ou alimentação adequada.

As férias são de 21 dias consecutivos, em cada ano civil, podendo, por acordo, ser gozadas em dois períodos interpolados. O trabalhador não poderá ter o salário das férias inferior ao que ganharia se estivesse prestando serviços.

O doméstico faz jus a gozar os feriados obrigatórios previstos na regulamentação geral do contrato individual do trabalho. O trabalho prestado em dias feriados obrigatórios deverá ser compensado com tempo livre, por um período correspondente, a gozar na mesma semana ou na semana seguinte.

Caso o empregado queira rescindir o contrato, por decisão unilateral, deve comunicar por escrito o empregador com antecedência de duas semanas para cada ano de serviço ou fração de tempo inferior a um ano, não sendo obrigatório aviso-prévio superior a seis semanas. O empregado poderá rescindir o contrato de trabalho sem aviso-prévio nos seguintes casos: (a) mudança de residência permanente da entidade patronal para outra localidade; (b) quebra de sigilo sobre assuntos de caráter pessoal do trabalhador.

São hipóteses de justa causa para a dispensa: quebra de sigilo, falta de urbanidade no trato habitual com as pessoas da casa, introdução no domicílio de pessoas estranhas, sem autorização ou conhecimento prévio da entidade patronal ou de quem a substitua; recusa em prestar contas de valores que lhe tenham sido confiados; hábitos ou comportamentos que não se coadunem com o ambiente normal do agregado familiar ou tendam a afetar gravemente a respectiva saúde ou qualidade de vida; negligência reprovável ou reiterada na utilização de aparelhagem eletrodoméstica, utensílios de serviço, louças, roupas e objetos existentes na habitação quando daí resulte avaria, quebra ou inutilização que impliquem dano grave para a entidade patronal (art. 17).

2.12 República Dominicana

O Código do Trabalho trata do tema no Título III do Livro IV. São definidos os trabalhadores domésticos como "os que se dedicam de modo exclusivo e de forma habitual e contínua a trabalhos de cozinha, limpeza e outros inerentes ao lar ou outro lugar de residência ou habitação, que não acarretem lucro ou benefício ao empregador ou seus familiares" (art. 258). O empregado doméstico não está sujeito a horário de trabalho, porém faz jus a repouso diário ininterrupto de nove horas e repouso semanal.

2.13 Uruguai

Não há um regime específico para o doméstico no Uruguai. Várias leis esparsas tratam de direitos dos empregados domésticos. O Decreto de 29-10-1957 os exclui das regras limitativas da jornada de trabalho. O Decreto de 16-6-1921 assegura o direito ao repouso remunerado de 24 horas contínuas, que pode ser substituído por dois meios dias de descanso. O Decreto de 26-4-1962 outorga o direito de férias anuais de 20 dias. A Lei nº 12.840, de 22-12-1960, determina o pagamento de salário anual complementar, correspondente aos dez dias imediatamente anteriores a 24 de dezembro. Fazem jus à indenização por rescisão contratual injustificada, desde que tenham pelo menos um ano de trabalho para o empregador, conforme a Lei nº 12.597, de 30-12-1958. São beneficiários das prestações de acidente do trabalho, conforme Lei nº 10.004, de 28-2-1941.

2.14 Venezuela

A Lei do Trabalho regula a prestação dos serviços dos empregados domésticos no Capítulo IV do Título III. Indica a referida norma apenas que os empregados domésticos podem ser serventes, choferes particulares, cozinheiros, pajens, lavadeiras. O regulamento da citada norma define os trabalhadores domésticos como "as pessoas que prestam serviços no lar ou casa de habitação, ou a uma pessoa determinada, para o seu serviço pessoal ou de sua família". Não estão os domésticos sujeitos a horário de trabalho, mas têm direito a repouso diário de nove horas; repouso semanal de meio dia; férias anuais de 15 dias; aviso-prévio de 15 dias. O contrato de trabalho pode ser rescindido em caso de doença contagiosa de qualquer habitante da casa.

Conclusão 26

Antigamente, tentava-se justificar a exclusão da legislação trabalhista para os empregados domésticos de um ponto de vista sociológico e não jurídico, dada a relação distinta e realizada dentro da própria residência da pessoa ou família. Hoje, isso não mais se justifica.

No decorrer dos anos, nota-se que o empregado doméstico passou da completa marginalização a ter alguns direitos trabalhistas reconhecidos, principalmente a partir da Lei nº 5.859, que regulou seu trabalho. A Constituição de 1988 representou também um avanço na questão, pois o número de direitos do empregado doméstico foi consideravelmente aumentado. Impunha-se, portanto, a disciplinação dos direitos trabalhistas do doméstico de forma especial, mas não sua exclusão do âmbito do Direito do Trabalho, já que não deixa de ser um trabalhador.

Verifica-se também que os direitos do empregado doméstico não são tão simples quanto à primeira vista poderiam parecer, existindo várias questões polêmicas, havendo tanto pontos de vista em um sentido como em outro sobre os problemas anteriormente analisados. Para aqueles empregadores domésticos que não querem ter aborrecimentos, é preferível conceder a regra mais benéfica ao empregado doméstico do que discutir a questão judicialmente, do que estar sujeito à contratação de um advogado, à demora na solução do litígio. Entretanto, caso assim não se entenda, fico com as minhas posições a respeito do tema, anteriormente enunciadas.

Mister se faz, atualmente, a elaboração de nova legislação substituindo a Lei nº 5.859, dada a vigência da nova Constituição e para evitar todas as dificuldades de interpretação de tal norma em face da CLT, pois esta continua a não ser aplicada ao doméstico, salvo as hipóteses que aventei, que são, porém, discutíveis na doutrina e na jurisprudência.

A Nova Lei Sobre Trabalho Doméstico   27

Foi aprovado no Senado o Substitutivo ao Projeto de Lei da Câmara nº 41, de 1991 (nº 1.626, de 1989, na Casa de Origem). Tal projeto foi enviado à Câmara dos Deputados, onde se encontra para ser votado.

O referido projeto tem a seguinte redação:

"Art. 1º Esta lei regulamenta as relações de trabalho doméstico.

§ 1º É considerado doméstico o serviço ou trabalho prestado na administração residencial que não importa benefício econômico para o empregador, e trabalhador doméstico aquele que presta serviço auxiliar da administração residencial de natureza contínua e não lucrativa.

§ 2º Não são considerados trabalhadores domésticos os familiares do empregador doméstico, nem as pessoas contratadas exclusivamente para cuidar de enfermos ou para conduzir veículos.

Art. 2º No caso de admitir conjuntamente um casal, ou pai ou mãe com seus filhos, os salários devem ser convencionados de forma individual e pagos mediante recibos individualizados.

§ 1º Ao pai ou à mãe caberá assistir ou representar os filhos menores na relação de emprego prevista neste artigo.

§ 2º Os filhos menores de quatorze anos, que vivam com o pai ou a mãe no domicílio do empregador doméstico, não serão considerados empregados em seu serviço doméstico.

§ 3º Não será também considerado empregado doméstico o filho ou filha do trabalhador doméstico que, por liberalidade do empregador, viva na casa deste em companhia daquele, sem obrigação de realizar serviço, trabalho ou tarefa na administração residencial.

Art. 3º Aos trabalhadores domésticos são assegurados os direitos previstos no art. 7º, incisos IV, VI, VIII, XV, XVII, XVIII, XIX, XXI e XXIV da Constituição Federal.

§ 1º Para admissão em emprego deverá o trabalhador doméstico apresentar:

I – Carteira de Trabalho e Previdência Social;

II – Atestado de saúde.

§ 2º O empregador tem a obrigação de anotar na Carteira de Trabalho e Previdência Social do empregado doméstico todos os elementos essenciais do contrato de trabalho, conforme dispuser o regulamento pertinente.

Art. 4º São obrigações do empregado doméstico:

I – fornecer referências sobre sua vida profissional, quando solicitado pelo empregador, na ocasião da admissão;

II – dar aviso-prévio de trinta dias ao empregador.

Art. 5º Ao empregador doméstico são assegurados descontos sobre moradia e alimentação, quando efetivamente fornecidas, nos porcentuais de seis por cento e três por cento, respectivamente.

Art. 6º Constituem justa causa para rescisão de contrato de trabalho pelo empregador os casos previstos nas letras *a, b, c, d, e, f, h* e *i* do art. 482 da Consolidação das Leis do Trabalho – CLT.

Art. 7º O empregado poderá considerar rescindido o contrato de trabalho e com direito a indenização por tempo de serviço nas hipóteses das letras *a, b, c, d, e* e *f* do art. 483 da Consolidação das Leis do Trabalho – CLT.

Art. 8º É estendido ao trabalhador doméstico o direito ao Fundo de Garantia do Tempo de Serviço (FGTS), instituído pela Lei nº 8.036, de 11 de maio de 1990, ao Seguro-Desemprego, criado pela Lei nº 7.998, de 11 de janeiro de 1990, e ao vale-transporte.

Art. 9º Esta lei será regulamentada pelo Poder Executivo no prazo de noventa dias, a contar de sua entrada em vigor.

Art. 10. Esta lei entra em vigor na data de sua publicação.

Art. 11. Revogam-se as disposições em contrário."

1 Comentários

1. O art. 1º traz nova conceituação de trabalho doméstico, afirmando que é o serviço prestado para auxiliar a administração residencial de natureza contínua e não lucrativa. O uso da expressão *serviço auxiliar da administração residencial* é ambíguo. Administração residencial pode ser um nome pomposo para a trabalhadora que não que ser registrada na CTPS como empregada doméstica. O cer-

to não seria utilizar a expressão *trabalho prestado na administração residencial*, mas *para a administração residencial*. A melhor definição deveria, porém, ser a seguinte: empregado doméstico é a pessoa física que presta serviços de natureza contínua e finalidade não lucrativa a pessoa ou família, para o âmbito residencial destas.

A redação do § 1º do art. 1º revoga o art. 1º da Lei nº 5.859, por ser com este incompatível.

É confusa a redação do § 2º do art. 1º ao não considerar trabalhador doméstico os familiares do empregador doméstico. Talvez quisesse significar que não são considerados trabalhadores domésticos os familiares do *empregado* doméstico, o que seria melhor.

Entretanto, se demonstrada a subordinação e os demais requisitos da relação de emprego, pode-se configurar a referida relação.

Exclui, ainda, do conceito de empregado doméstico as pessoas contratadas para tomar conta de enfermos e os motoristas. A disposição do projeto toma por base a legislação argentina, que não considera empregado doméstico a enfermeira e o motorista. Se tais pessoas não são domésticos, serão o quê? Não serão empregados regidos pela CLT, por estar ausente a finalidade de lucro. O enfermeiro vai ficar marginalizado e sem direitos trabalhistas se essa regra for aprovada. Na verdade, se ficar configurado que prestam serviços "para a administração residencial", tendo subordinação e os demais requisitos do contrato de trabalho, serão considerados empregados domésticos.

2. Pode-se entender que o vigia doméstico ficará excluído do projeto, pois não "presta serviço auxiliar da administração residencial", mas para a administração residencial. Entretanto, entendo que, se prestar serviços para o empregador doméstico, será empregado doméstico. Essa é a mesma situação que já se discutiu, anteriormente, em relação ao motorista e, hoje, é pacífico o entendimento de que o motorista é doméstico, desde que trabalhe efetivamente para o empregador doméstico.

3. O art. 2º informa que, se o empregador admitir conjuntamente casal, ou pai ou mãe com seus filhos, os salários devem ser convencionados de forma individual e pagos mediante recibos individualizados. Não será possível o pagamento de um salário globalizado para todas as pessoas, que seria espécie de salário complessivo, mas individualizado para cada empregado.

Contém o § 3º do art. 2º a determinação no sentido de que não é empregado doméstico o filho ou a filha do trabalhador doméstico que, por liberalidade do empregador, viva na casa deste, em companhia daquele, sem a obrigação de realizar serviço na administração residencial. É comum no âmbito rural a discussão se é empregado o filho ou a mulher do caseiro que trabalham no sítio ou na fazenda. Para evitar dúvidas, o projeto já dispõe que não são empregadas essas pessoas. Se, porém, ficar provada a subordinação e a prestação de serviços dessas pessoas, com os demais requisitos pertinentes à relação de emprego, estará caracterizado o vínculo. Assim, se houver a obrigação de realizar serviços e não houver mera liberalidade, estará caracterizado o vínculo de emprego.

O § 1º do art. 2º determina que ao pai ou à mãe caberá assistir ou representar os filhos menores na relação de emprego. Diz o óbvio, pois essa é a função do pai ou da mãe, já contida no inciso V do art. 1.634 do Código Civil. Talvez o que queria dizer o artigo é que na rescisão do contrato de trabalho seja preciso a presença de um dos dois para assinar o referido termo, ou para assisti-los em juízo, caso seja promovida reclamação trabalhista, o que na prática já é observado.

O § 2º do art. 2º esclarece que os filhos menores de 14 anos, que vivam com o pai ou a mãe no domicílio do empregador doméstico, não serão considerados empregados domésticos. Isso quer dizer, a *contrario sensu*, que os filhos maiores de 14 anos poderão ser considerados empregados domésticos se prestarem serviços com subordinação, continuamente, pessoalmente e com pagamento de salário. O preceito diz respeito ao fato de a Constituição proibir o trabalho do menor de 16 anos (art. 7º, XXXIII). Entretanto, se o menor trabalhar com menos de 16 anos com os requisitos pertinentes ao contrato de trabalho, será considerado empregado, pois o preceito constitucional não poderá ser interpretado em prejuízo do menor.

4. O art. 3º copia o parágrafo único do art. 7º da Constituição quanto aos direitos do doméstico, o que é inútil.

5. Para ser admitido, o empregado doméstico terá de apresentar sua CTPS e atestado de saúde. Isso quer dizer que, se o empregado não tiver CTPS, não poderá começar a trabalhar enquanto não a possuir. O único outro documento que o empregador poderá exigir será o atestado de saúde; não, porém, atestado de boa conduta.

Não mais se exige atestado de boa conduta para admissão do empregado doméstico, o que revoga o inciso II do art. 2º da Lei nº 5.859. O empregado doméstico apenas terá de fornecer referências sobre sua vida profissional quando o empregador solicitar, por ocasião da admissão.

O atestado de boa conduta era uma exigência que dava maior segurança à contratação. Não é mencionada no projeto a forma da referência prestada pelo empregado. Se não diz que é por escrito, e abole o atestado de boa conduta, parece que a referência será apenas verbal, informando onde trabalhou, endereço, telefone etc., sendo que o empregador doméstico é que terá de se informar sobre tais referências.

A referência que se faz à CTPS mostra que irá se aplicar a CLT quanto às regras referentes à Carteira de Trabalho.

6. O empregado doméstico passa a ter de conceder aviso-prévio ao empregador doméstico, o que se torna uma obrigação, até mesmo por uma questão de igualdade. Assim, se o empregado quiser retirar-se do serviço, terá de conceder aviso-prévio de 30 dias ao empregador. O Projeto não menciona o aviso-prévio do empregador ao empregado, mas também será devido, à razão de 30 dias.

7. Passa a existir a possibilidade de desconto no salário de moradia (6%) e alimentação (3%). Deve haver, contudo, contratação nesse sentido.

Se o empregador nunca descontou do empregado tal porcentual, poderá fazê-lo a partir da vigência da nova lei. Se deixar de fazer o desconto, não poderá começar a fazê-lo de uma hora para outra, pois tratar-se-á de uma condição mais benéfica ao empregado, que não poderá ser modificada. O ideal será que o empregador faça o desconto em relação aos empregados novos, ou passe a fazer o desconto no primeiro mês de vigência da lei, sob pena de se tornar o fornecimento de alimentação e habitação uma prestação *in natura*.

Poder-se-ia alegar que estaria havendo redução salarial, caso o empregador doméstico passe a fazer descontos no salário do empregado, pois, segundo o inciso VI do art. 7º da Constituição, o salário é irredutível. Entretanto, esse preceito tem de ser entendido no sentido de que o *empregador* não pode reduzir o salário, mas *a lei* pode estabelecer parâmetros, pois, do contrário, nem poderia ser deduzida a contribuição previdenciária, o que é autorizado por lei.

Aqueles que já procediam a descontos em porcentuais superiores passarão a ter de adotar os determinados na nova norma.

8. São arroladas as hipóteses de falta grave cometida pelo empregado (art. 482 da CLT); porém, não se faz referência a violações de segredo do empregador doméstico e a atos lesivos à honra e à boa fama do mesmo empregador, ofensas físicas e práticas de jogos de azar, que não deixam de ser hipóteses de mau procedimento do empregado.

A razão de o projeto não fazer remissão a certas alíneas do art. 482 da CLT é justificável. Por exemplo: a alínea *g*, que menciona o fato de o empregado violar segredo da empresa. O empregador doméstico não é empresa, não se podendo aplicar a ele a referida regra; porém, poderia ocorrer de a empregada contar segredos de atividades profissionais de seus patrões, o que não deixaria de constituir mau procedimento.

9. Admite-se, pela primeira vez, a rescisão indireta do contrato de trabalho do empregado doméstico. É excluída a alínea *g* do art. 483 da CLT, que mostra a hipótese de rescisão indireta do contrato de trabalho quando o empregador reduzir o salário do empregado, quando pago por peça ou tarefa. Aqui é justificável o fato de o projeto não fazer referência à citada hipótese, pois o doméstico não ganha por peça ou tarefa, que são formas de salário por produção. Entretanto, a indenização prevista é incompatível com o FGTS. Não mais existe o sistema alternativo de indenização ou FGTS. A Constituição de 1988 acabou com tal procedimento, pois o FGTS passa a substituir a indenização. Deve existir um direito ou outro e não os dois ao mesmo tempo, principalmente quando o projeto outorga o FGTS como direito do empregado doméstico. Mesmo assim, o Projeto não especificou qual seria essa indenização, ou de quanto seria, o que torna inócuo o preceito.

10. São estendidos ao doméstico os direitos ao FGTS, seguro-desemprego e vale-transporte. No tocante ao FGTS, haverá maiores encargos para o empregador doméstico, o que poderá trazer maior sonegação do que a já existente, pois muitas vezes o empregado não é registrado. Nesse ponto, a lei, em vez de proteger, irá desproteger o empregado.

O FGTS incidirá sobre a remuneração paga ao empregado, nos termos do art. 15 da Lei nº 8.036/90. Havendo dispensa por parte do empregador, será devida, também, a indenização de 40%.

Hoje, é comum que o empregado seja registrado por um valor e o pagamento de salário seja feito em valor superior, somente para pagar importância menor a título de contribuição previdenciária. O empregado doméstico poderá passar a exigir – e com razão – o registro de sua remuneração integral, para que possa haver a incidência do FGTS.

Há, porém, um ponto positivo, que é justamente o fato de que o FGTS irá indenizar o tempo de serviço do empregado doméstico prestado ao empregador. Caso seja dispensado, terá um valor que poderá ser sacado até mesmo para garantir a subsistência do empregado por alguns meses.

Por ter o FGTS natureza tributária, só poderá passar a ser cobrado dos empregadores domésticos no primeiro dia útil do ano seguinte à publicação da lei, pois terá de ser observada a alínea *b* do inciso III do art. 150 da Constituição, isto é, o princípio da anterioridade da lei. Assim, publicada a norma em 2010, só poderá haver a exigência a partir de 1º-1-2011.

Caso seja estabelecido o FGTS ao doméstico, deveria ser permitido ao empregador doméstico deduzir integralmente os depósitos fundiários como despesa, no seu imposto de renda, ou todo o pagamento feito ao doméstico.

11. Na maioria das vezes, o transporte já é pago pelo empregador doméstico. O empregador doméstico poderá descontar 6% do salário do empregado a título de vale-transporte e pagar o valor que exceder tal verba. Não será possível a concessão de pagamento em dinheiro, mas sob a forma de "passes", como em relação a qualquer empregado.

12. Não regulou o projeto a discussão sobre as férias em dobro e proporcionais, que continuarão a não ser devidas, nem o pagamento de adicional noturno, caso o empregado preste serviços em jornada noturna.

Nada menciona, também, sobre o pagamento de salário-família aos dependentes do empregado doméstico, o que poderia ter sido feito.

13. O referido Projeto não revoga expressamente o art. 7º, *a*, da CLT, nem a Lei nº 5.859, continuando a CLT a não ser aplicada aos domésticos, salvo as exceções contidas no Projeto.

O Projeto, ao não revogar expressamente a Lei nº 5.859, traz insegurança jurídica, pois não se sabe se a segunda norma continua em vigor.

Apêndice A
Legislação

1. Constituição de 5 de outubro de 1988

TÍTULO II
DOS DIREITOS E GARANTIAS FUNDAMENTAIS

Capítulo II
Dos Direitos Sociais

Art. 7º São direitos dos trabalhadores urbanos e rurais, além de outros que visem à melhoria de sua condição social:

I – relação de emprego protegida contra despedida arbitrária ou sem justa causa, nos termos de lei complementar, que preverá indenização compensatória, dentre outros direitos;

II – seguro-desemprego, em caso de desemprego involuntário;

III – fundo de garantia do tempo de serviço;

IV – salário-mínimo, fixado em lei, nacionalmente unificado, capaz de atender a suas necessidades vitais básicas e às de sua família com moradia, alimentação, educação, saúde, lazer, vestuário, higiene, transporte e previdência social, com reajustes periódicos que lhe preservem o poder aquisitivo, sendo vedada sua vinculação para qualquer fim;

V – piso salarial proporcional à extensão e à complexidade do trabalho;

VI – irredutibilidade do salário, salvo o disposto em convenção ou acordo coletivo;

VII – garantia de salário, nunca inferior ao mínimo, para os que percebem remuneração variável;

VIII – décimo terceiro salário com base na remuneração integral ou no valor da aposentadoria;

IX – remuneração do trabalho noturno superior à do diurno;

X – proteção do salário na forma da lei, constituindo crime sua retenção dolosa;

XI – participação nos lucros, ou resultados, desvinculada da remuneração, e, excepcionalmente, participação na gestão da empresa, conforme definido em lei;

XII – salário-família pago em razão do dependente do trabalhador de baixa renda nos termos da lei;

XIII – duração do trabalho normal não superior a 8 horas diárias e 44 semanais, facultada a compensação de horários e a redução da jornada, mediante acordo ou convenção coletiva de trabalho;

XIV – jornada de seis horas para o trabalho realizado em turnos ininterruptos de revezamento, salvo negociação coletiva;

XV – repouso semanal remunerado, preferencialmente aos domingos;

XVI – remuneração do serviço extraordinário superior, no mínimo, em cinquenta por cento à do normal;

XVII – gozo de férias anuais remuneradas com, pelo menos, um terço a mais do que o salário normal;

XVIII – licença à gestante, sem prejuízo do emprego e do salário, com a duração de cento e vinte dias;

XIX – licença-paternidade, nos termos fixados em lei;

XX – proteção do mercado de trabalho da mulher, mediante incentivos específicos, nos termos da lei;

XXI – aviso-prévio proporcional ao tempo de serviço, sendo no mínimo de 30 dias, nos termos da lei;

XXII – redução dos riscos inerentes ao trabalho, por meio de normas de saúde, higiene e segurança;

XXIII – adicional de remuneração para as atividades penosas, insalubres ou perigosas, na forma da lei;

XXIV – aposentadoria;

XXV – assistência gratuita aos filhos e dependentes desde o nascimento até seis anos de idade em creches e pré-escolas;

XXVI – reconhecimento das convenções e acordos coletivos de trabalho;

XXVII – proteção em face da automação, na forma da lei;

XXVIII – seguro contra acidentes de trabalho, a cargo do empregador, sem excluir a indenização a que este está obrigado, quando incorrer em dolo ou culpa;

XXIX – ação, quanto aos créditos resultantes das relações de trabalho, com prazo prescricional de cinco anos para os trabalhadores urbanos e rurais, até o limite de dois anos após a extinção do contrato de trabalho;

XXX – proibição de diferença de salários, de exercício de funções e de critério de admissão por motivo de sexo, idade, cor ou estado civil;

XXXI – proibição de qualquer discriminação no tocante a salário e critérios de admissão do trabalhador portador de deficiência;

XXXII – proibição de distinção entre trabalho manual, técnico e intelectual ou entre os profissionais respectivos;

XXXIII – proibição de trabalho noturno, perigoso ou insalubre aos menores de dezoito e de qualquer trabalho a menores de dezesseis anos, salvo na condição de aprendiz, a partir de quatorze anos;

XXXIV – igualdade de direitos entre o trabalhador com vínculo empregatício permanente e o trabalhador avulso.

Parágrafo único. São assegurados à categoria dos trabalhadores domésticos os direitos previstos nos incisos IV, VI, VIII, XV, XVII, XVIII, XIX, XXI e XXIV, bem como a sua integração à Previdência Social.

ATO DAS DISPOSIÇÕES CONSTITUCIONAIS TRANSITÓRIAS

Art. 10. Até que seja promulgada a lei complementar a que se refere o art. 7º, I, da Constituição:

I – fica limitada a proteção nele referida ao aumento, para quatro vezes, da porcentagem prevista no art. 6º, *caput* e § 1º, da Lei nº 5.107, de 13 de setembro de 1966;

II – fica vedada a dispensa arbitrária ou sem justa causa:

a) do empregado eleito para cargo de direção de comissões internas de prevenção de acidentes, desde o registro de sua candidatura até um ano após o final de seu mandato;

b) da empregada gestante, desde a confirmação da gravidez até cinco meses após o parto.

§ 1º Até que a lei venha a disciplinar o disposto no art. 7º, XIX, da Constituição, o prazo da licença-paternidade a que se refere o inciso é de cinco dias.

....

2. Lei nº 5.859, de 11 de dezembro de 1972

> *Dispõe sobre a profissão de empregado doméstico, e dá outras providências.*

Art. 1º Ao empregado doméstico, assim considerado aquele que presta serviços de natureza contínua e de finalidade não lucrativa à pessoa ou à família, no âmbito residencial destas, aplica-se o disposto nesta lei.

Art. 2º Para admissão ao emprego deverá o empregado doméstico apresentar:

I – Carteira de Trabalho e Previdência Social;

II – Atestado de Boa Conduta;

III – Atestado de Saúde, a critério do empregador.

Art. 2º-A É vedado ao empregador doméstico efetuar descontos no salário do empregado por fornecimento de alimentação, vestuário, higiene ou moradia.

§ 1º Poderão ser descontadas as despesas com moradia de que trata o *caput* deste artigo quando essa se referir a local diverso da residência em que ocorrer a prestação de serviço, e desde que essa possibilidade tenha sido expressamente acordada entre as partes.

§ 2º As despesas referidas no *caput* deste artigo não têm natureza salarial nem se incorporam à remuneração para quaisquer efeitos.

Art. 3º O empregado doméstico terá direito a férias anuais remuneradas de 30 (trinta) dias com, pelo menos, 1/3 (um terço) a mais que o salário normal, após cada período de 12 (doze) meses de trabalho, prestado à mesma pessoa ou família.

Art. 3º-A. É facultada a inclusão do empregado doméstico no Fundo de Garantia do Tempo de Serviço – FGTS, de que trata a Lei nº 8.036, de 11 de maio de 1990, mediante requerimento do empregador, na forma do regulamento (art. acrescentado pela Lei nº 10.208, de 23-3-2001).

Art. 4º Aos empregados domésticos são assegurados os benefícios e serviços da Lei Orgânica da Previdência Social, na qualidade de segurados obrigatórios.

Art. 4º-A É vedada a dispensa arbitrária ou sem justa causa da empregada doméstica gestante desde a confirmação da gravidez até 5 (cinco) meses após o parto.

Art. 6º-A. O empregado doméstico que for dispensado sem justa causa fará jus ao benefício do seguro-desemprego, de que trata a Lei nº 7.998, de 11 de janeiro de 1990, no valor de um salário-mínimo, por um período máximo de três meses, de forma contínua ou alternada.

§ 1º O benefício será concedido ao empregado inscrito no FGTS que tiver trabalhado como doméstico por um período mínimo de quinze meses nos últimos vinte e quatro meses contados da dispensa sem justa causa.

§ 2º Considera-se justa causa para os efeitos desta Lei as hipóteses previstas no art. 482, com exceção das alíneas *c*, *e* e *g* do seu parágrafo único, da Consolidação das Leis do Trabalho (art. acrescentado pela Lei nº 10.208, de 23-3-2001).

Art. 6º-B. Para se habilitar ao benefício o trabalhador deverá apresentar ao órgão competente do Ministério do Trabalho e Emprego:

I – Carteira de Trabalho e Previdência Social, na qual deverão constar a anotação do contrato de trabalho doméstico e a data da dispensa, de modo a comprovar o vínculo empregatício, com o empregado doméstico, durante pelo menos quinze meses nos últimos vinte e quatro meses;

II – termo de rescisão de contrato de trabalho atestando a dispensa sem justa causa;

III – comprovantes do recolhimento da contribuição previdenciária e do FGTS, durante o período referido no inciso I, na condição de empregado doméstico;

IV – declaração de que não está em gozo de nenhum benefício de prestação continuada da Previdência Social, exceto auxílio-acidente e pensão por morte; e

V – declaração de que não possui renda própria de qualquer natureza suficiente à sua manutenção e de sua família (art. acrescentado pela Lei nº 10.208, de 23-3-2001).

Art. 6º-C. O seguro-desemprego deverá ser requerido de sete a noventa dias contados da data da dispensa (art. acrescentado pela Lei nº 10.208, de 23-3-2001).

Art. 6º D. Novo seguro-desemprego só poderá ser requerido a cada período de dezesseis meses decorridos da dispensa que originou o benefício anterior (art. acrescentado pela Lei nº 10.208, de 23-3-2001).

....

Art. 7º Esta lei será regulamentada no prazo de 90 (noventa) dias, vigorando 30 (trinta) dias após a publicação do seu regulamento.

Art. 8º Revogam-se as disposições em contrário.

3. Decreto nº 71.885, de 9 de março de 1973

Aprova o Regulamento da Lei nº 5.859, de 11 de dezembro de 1972, que dispõe sobre a profissão de empregado doméstico, e dá outras providências.

Art. 1º São assegurados aos empregados domésticos os benefícios e serviços da Lei Orgânica da Previdência Social, na conformidade da Lei nº 5.859, de 11 de dezembro de 1972.

Art. 2º Excetuando o capítulo referente a férias, não se aplicam aos empregados domésticos as demais disposições da Consolidação das Leis do Trabalho.

Parágrafo único. As divergências entre empregado e empregador doméstico, relativas a férias e anotação na Carteira de Trabalho e Previdência Social, ressalvada a competência da Justiça do Trabalho, serão dirimidas pela Delegacia Regional do Trabalho.

Art. 3º Para os fins constantes da Lei nº 5.859, de 11 de dezembro de 1972, considera-se:

I – empregado doméstico aquele que presta serviços de natureza contínua e de finalidade não lucrativa à pessoa ou à família, no âmbito residencial destas;

II – empregador doméstico a pessoa ou família que admita a seu serviço empregado doméstico.

Art. 4º O empregado doméstico, ao ser admitido no emprego, deverá apresentar os seguintes documentos:

I – Carteira de Trabalho e Previdência Social;

II – Atestado de Boa Conduta emitido por autoridade policial, ou por pessoa idônea, a juízo do empregador;

III – Atestado de Saúde, subscrito por autoridade médica responsável, a critério do empregador doméstico.

Art. 5º Na Carteira de Trabalho e Previdência Social do empregado doméstico serão feitas, pelo respectivo empregador, as seguintes anotações:

I – data de admissão;

II – salário mensal ajustado;

III – início e término das férias;

IV – data da dispensa.

Art. 6º Após cada período contínuo de 12 (doze) meses de trabalho prestado à mesma pessoa ou família, a partir da vigência deste Regulamento, o empregado doméstico fará jus a férias remuneradas, nos termos da Consolidação das Leis do Trabalho, de 20 (vinte) dias úteis, ficando a critério do empregador doméstico a fixação do período correspondente.

Art. 7º Filiam-se à Previdência Social, como segurados obrigatórios, os que trabalham como empregados domésticos no território nacional, na forma do disposto na alínea I do art. 3º deste Regulamento.

Art. 8º O limite de 60 (sessenta) anos para filiação à Previdência Social, previsto no art. 4º do Decreto-lei nº 710, de 28 de julho de 1969, não se aplica ao empregado doméstico que:

I – inscrito como segurado facultativo para todos os efeitos, nessa qualidade já vinha contribuindo na forma da legislação anterior;

II – já sendo segurado obrigatório, tenha adquirido ou venha a adquirir a condição de empregado doméstico após se desligar de emprego ou atividade de que decorria aquela situação.

Art. 9º Considerar-se-á inscrito para os efeitos da Lei nº 5.859, de 11 de dezembro de 1972, o empregado doméstico que se qualificar junto ao Instituto Nacional de Previdência Social, mediante apresentação da Carteira de Trabalho e Previdência Social.

§ 1º Os empregados domésticos, inscritos como segurados facultativos, passam, a partir da vigência deste Regulamento, à condição de segurados obrigatórios, independentemente de nova inscrição.

§ 2º A inscrição dos dependentes incumbe ao próprio segurado e será feita, sempre que possível, no ato de sua inscrição.

Art. 10. O auxílio-doença e a aposentadoria por invalidez do empregado doméstico serão devidos a contar da data de entrada do respectivo requerimento.

Art. 12. O recolhimento das contribuições, a cargo do empregador doméstico, será realizado na forma das instruções a serem baixadas pelo Instituto Nacional de Previdência Social,[1] em formulário próprio, individualizado por empregado doméstico.

Parágrafo único. Não recolhendo na época própria as contribuições a seu cargo, ficará o empregador doméstico sujeito às penalidades previstas no art. 165 do Regulamento Geral da Previdência Social,[1] aprovado pelo Decreto nº 60.501, de 14 de março de 1967.[2]

Art. 13. Aplica-se ao empregado doméstico e respectivo empregador, no que couber, o disposto no Regulamento Geral da Previdência Social aprovado pelo Decreto nº 60.501, de 14 de março de 1967.[3]

Art. 14. O Ministro do Trabalho e da Previdência Social baixará as instruções necessárias à execução do presente Regulamento.

Art. 15. O presente Regulamento entrará em vigor 30 (trinta) dias após a sua publicação, revogadas as disposições em contrário.

---

[1] Atual INSS.

[2] V. art. 35 da Lei nº 8.212/91.

[3] Atualmente, o Regulamento é o Decreto nº 3.048, de 6-5-1999.

Apêndice B
Modelos

1. Contrato de trabalho

Entre as partes, tendo de um lado Fulana de Tal, residente na Rua das Flores, nº 1, São Paulo, SP, titular do CPF nº . . . . ., doravante denominada EMPREGADORA, e de outro lado Beltrana de Tal, residente na Rua dos Tuins, nº 41, Brás, São Paulo, SP, titular da CTPS nº . . . . ., série . . . . ., doravante designada EMPREGADA, ajustam este CONTRATO DE TRABALHO DOMÉSTICO, regido pela Lei nº 5.859/72, de acordo com as cláusulas a seguir aduzidas.

CLÁUSULA 1ª A empregada obriga-se a prestar serviços como doméstica, mediante o salário de R$ . . . . . pago mensalmente, sujeitando-se aos descontos previdenciários, de imposto de renda, de alimentação, habitação, na forma da lei, e de 6% do salário-base a título de vale-transporte.

CLÁUSULA 2ª A empregada aceita como condição deste acordo fazer sua prestação de serviços domésticos em qualquer lugar determinado pela EMPREGADORA.

CLÁUSULA 3ª As atividades desempenhadas pela empregada serão todas aquelas pertinentes ao trabalho doméstico, entre outras, lavar, passar, limpar a casa, cozinhar etc.

CLÁUSULA 4ª A empregada prestará serviços de segunda-feira a sábado, sendo o domingo destinado ao repouso semanal remunerado. Poderá ser determinado o trabalho aos domingos, porém mediante a concessão do descanso em outro dia da semana.

CLÁUSULA 5ª Ressarcirá a empregada a empregadora todos os danos ou prejuízos que causar, ainda que por dolo ou culpa.

CLÁUSULA 6ª Sempre que lhe for determinado, a empregada fica obrigada a usar uniforme.

Por estarem justos e contratados, assinam o presente contrato, na presença de duas testemunhas, para que possa produzir seus efeitos legais.

SP, ...

. . . .

. . . .	. . . .	. . . .
Testemunhas	Empregadora	Empregada

2. Recibo de salário

R$ . . . .

Recebi de Fulana de Tal o valor de R$ . . . ., referente a meu salário de março de 200..., conforme discriminação abaixo:

Valor	R$ . . . .
(–) Desconto do INSS	R$ . . . .
	R$ . . . .

SP, 1º-4-200 . . .

Beltrana de Tal

3. Recibo de 13º salário

R$ . . . .

Recebi de Fulana de Tal o valor de R$ . . . ., referente à segunda metade do 13º salário de 200 . . ., conforme discriminação abaixo:

Valor	R$ . . . .
(–) Adiantamento	R$ . . . .
(–) Desconto do INSS	R$ . . . .
	R$ . . . .

SP, 20-12-200 . . .

Beltrana de Tal

4. Recibo de férias

R$ . . . .

Recebi de Fulana de Tal a importância de R$ . . . ., referente às minhas férias do período de 1º-1-200 . . . a 31-12-200 . . ., conforme discriminação.

Férias	R$ . . . .
1/3	R$ . . . .
(–) desconto do INSS	R$ . . . .
	R$ . . . .

SP, 1º-5-200. . .

Beltrana de Tal

5. Carta de apresentação

Eu, ..., brasileira, casada, comerciante, declaro para os devidos fins que a Sra. . . . . . . trabalhou na minha residência como doméstica, sendo pessoa de confiança, boa empregada, inexistindo qualquer ato desabonador de sua conduta no período em que houve a prestação dos serviços.

SP, ...

. . . .
Empregador

Apêndice C

QUADRO DE RESCISÃO DO CONTRATO DE TRABALHO DO DOMÉSTICO*

Espécies de rescisão	Saldo de salário	Aviso-prévio	Férias venc. + 1/3	Férias proporcionais + 1/3	13º salário
Pedido de demissão (com menos de 1 ano)	Sim	Não	Não	Sim	Sim
Pedido de demissão (com mais de 1 ano)	Sim	Não	Sim	Não	Sim
Dispensa pelo empregador sem justa causa (com menos de 1 ano)	Sim	Sim	Não	Não	Sim
Dispensa pelo empregador sem justa causa (com mais de 1 ano)	Sim	Sim	Sim	Não	Sim
Dispensa com justa causa (com menos de 1 ano)	Sim	Não	Não	Não	Não
Dispensa com justa causa (com mais de 1 ano)	Sim	Não	Sim	Não	Não
Rescisão indireta (com menos de 1 ano)	Sim	Sim	Não	Não	Sim
Rescisão indireta (com mais de 1 ano)	Sim	Sim	Sim	Não	Sim
Falecimento do empregado (com menos de 1 ano)	Sim	Não	Não	Não	Sim
Falecimento do empregado (com mais de um ano)	Sim	Não	Sim	Não	Sim

* Alguns dos direitos são controvertidos; verificar texto, pois o quadro representa minha opinião.

Bibliografia

ALBUQUERQUE, Rafael F. *El contrato de trabajo*. Barcelona: M. Parejo, 1976.

BEZERRA, Marcos Prota de Alencar; BEZERRA, Luiz de Alencar. *Cartilha do empregador doméstico*. 5. ed. São Paulo: Nossa Livraria, 1997.

CHIARELLI, Carlos Alberto Gomes. *Trabalho na Constituição*: direito individual. São Paulo: LTr, 1989, v. 1.

COSTA, Antônio Carlos Siqueira. Domésticos e a nova Constituição do Brasil. *LTr*, 53-7/787.

COSTA, José de Ribamar da. O trabalhador doméstico e a nova Constituição. *LTr*, 54-2/164.

CUNHA, Roberto Salles. *O trabalho doméstico*. São Paulo: Atlas, 1989.

DE LUCA, Carlos Moreira. O prazo de prescrição dos direitos assegurados aos empregados domésticos. *LTr*, 53-1/81.

FERNANDES, António de Lemos Monteiro. *Direito do trabalho*. 9. ed. Coimbra: Almedina, 1992. v. 1.

FRANCO FILHO, Georgenor de Sousa. O trabalhador doméstico e a Constituição do Brasil. *LTr*, 52-8/942.

GOMES, Orlando; GOTTSCHALK, Elson. *Curso de direito do trabalho*. 12. ed. Rio de Janeiro: Forense, 1991.

GONÇALES, Odonel Urbano. *Curso de direito do trabalho*. São Paulo: Atlas, 1994.

GONÇALVES, Emílio; GONÇALVES, Emílio Carlos Garcia. *Direitos sociais dos empregados domésticos*. 2. ed. São Paulo: LTr, 1991.

MACIEL, José Alberto Couto. *O progresso atual e o contrato de trabalho do empregado doméstico*. São Paulo: LTr, 1973.

MAGANO, Octávio Bueno. *Manual de direito do trabalho*: direito individual do trabalho. 3. ed. São Paulo: LTr, 1992. v. 2.

_____; MALLET, Estevão. *O direito do trabalho na Constituição*. Rio de Janeiro: Forense, 1993.

MANUS, Pedro Paulo Teixeira. *Direito do trabalho na nova Constituição*. São Paulo: Atlas, 1989.

_____. *Direito do trabalho*. 9. ed. São Paulo: Atlas, 2005.

MARANHÃO, Délio. *Direito do trabalho*. 4. ed. Rio de Janeiro: FGV, 1995.

_____; VIANNA, Segadas. *Instituições de direito do trabalho*. 14. ed. São Paulo: LTr, 1993. v. 1.

MARTINS, Sergio Pinto. A diarista pode ser considerada empregada doméstica? *Orientador Trabalhista Mapa Fiscal, Suplemento de Legislação, Jurisprudência e Doutrina*, p. 207, mar. 1993.

_____. *Contribuição confederativa*. São Paulo: LTr, 1996.

_____. *Direito da seguridade social*. 32. ed. São Paulo: Atlas, 2012.

_____. *Direito do trabalho*. 28. ed. São Paulo: Atlas, 2012.

_____. *Direito processual do trabalho*. 33. ed. São Paulo: Atlas, 2012.

_____. Empregado doméstico – Questões polêmicas. *Orientador Trabalhista Mapa Fiscal, Suplemento de Legislação, Jurisprudência e Doutrina*, p. 152, fev. 1995.

_____. O guarda de rua contratado por moradores. Há relação de emprego? *Folha Metropolitana*. Guarulhos, 12 de setembro de 1991, p. 3.

_____. Relação de emprego: dono da obra e prestador de serviços. *Folha Metropolitana*. Guarulhos, 21 de julho de 1992, p. 5.

_____. *Contribuições sindicais*. 5. ed. São Paulo: Atlas, 2009.

MAZZONI, Giuliano; GRECHI, Aldo. *Diritto del lavoro*. Bolonha: Dott Cesare Zuffi, 1951.

MORAES FILHO, Evaristo de. Do trabalho doméstico e sua regulamentação. *LTr*, 38/20.

NASCIMENTO, Amauri Mascaro. *Direito do trabalho na Constituição de 1988*. São Paulo: Saraiva, 1989.

_____. *Iniciação ao direito do trabalho*. 21. ed. São Paulo: LTr, 1994.

OLIVEIRA, Francisco Antônio. *Direito do trabalho em sintonia com a nova Constituição*. São Paulo: Revista dos Tribunais, 1993.

PAMPLONA FILHO, Rodolfo; VILLATORE, Marco Antonio César. *Direito do trabalho doméstico*. São Paulo: LTr, 1997.

PLÁ RODRIGUEZ, Américo. *Curso de derecho laboral*. Montevidéu [s.n.], 1978.

PRADO, Roberto Barretto. Prescrição das ações interpostas pelos empregados domésticos. *LTr*, 54-2/171.

PRUNES, José Luiz Ferreira. *Contrato de trabalho doméstico e trabalho a domicílio*. Curitiba: Juruá, 1995.

RODRIGUES, João Albino Simões. O empregado doméstico e a nova Constituição. *LTr*, 52-11/1.354.

RUSSOMANO, Mozart Víctor. *Comentários à CLT*. 13. ed. Rio de Janeiro: Forense, 1990. v. 1.

_____. *O empregado e o empregador no direito brasileiro*. 6. ed. São Paulo: LTr, 1978.

SAAD, Eduardo Gabriel. *Constituição e direito do trabalho*. 2. ed. São Paulo: LTr, 1989.

SERSON, José. *Curso de rotinas trabalhistas*. 37. ed. São Paulo: Revista dos Tribunais, 1997.

SILVA, Carlos Alberto Barata. *Compêndio de direito do trabalho*. 2. ed. São Paulo: LTr, 1978.

SILVA, Octacílio Paula. Domésticos, ainda marginalizados. *LTr*, 49-1/16.

_____. Empregados domésticos. In: *Curso de direito do trabalho*: estudos em memória de Célio Goyatá. 3. ed. São Paulo: LTr, 1997. v. 1.

SUSSEKIND, Arnaldo et al. *Comentários à Constituição*. Rio de Janeiro: Biblioteca Jurídica Freitas Bastos, 1990. v. 1.

_____. Prescrição. *LTr*, 53-9/1.019.

VILHENA, Paulo Emílio Ribeiro de. *Relação de emprego*. São Paulo: Saraiva, 1975.

Índice Remissivo

Abono anual, 127
Acidente do trabalho, 124
Adiantamentos, 57
Adicional de insalubridade, 86
Adicional de periculosidade, 86
Adicional noturno, 72
Alemanha, 131
Aposentadoria, 118
Argentina, 132
Artigo 467 da CLT, 108
Assistência na rescisão contratual, 94
Atestado de saúde, 37
Auxílio-doença, 121
Auxílio-reclusão, 123
Aviso-prévio, 96
Carta de referência, 37
Caseiro, 17
Chile, 134
Colômbia, 135
Competência da Justiça do Trabalho, 106
Continuidade, 9
Contrato de experiência, 35-36
Contrato de trabalho, 35
Contribuição confederativa, 90
Contribuição previdenciária, 112
Contribuição sindical, 90
Convenção nº 132 da OIT, 80
CTPS, 37
Danos, 57
Décimo terceiro salário, 45
Declarações de direitos, 131
Descontos, 91

Diarista, 19
Direito coletivo do trabalho, 88
Discriminação, 69
Dispensa com justa causa, 92
Empregado doméstico, 6
– conceito, 6
– denominação, 6
– distinção, 11
Empregador doméstico, 13
– sucessão de empregadores domésticos, 16
Empregado em domicílio, 11
Enfermeira, 30
Equiparação salarial, 44
Equador, 136
Espanha, 135
Estabilidade, 100
Faltas, 58
Fator previdenciário, 121
Férias, 75
– em dobro, 79
– proporcionais, 77
FGTS, 59, 144
Fiscalização trabalhista, 87
Garantia de emprego, 99
Higiene e segurança do trabalho, 86
História, 1
Horas extras, 70
Idade para o trabalho, 92
Imposto de renda, 53
Irredutibilidade salarial, 49
Itália, 136
Justa causa, 92

Legislação estrangeira, 131
Licença-paternidade, 64
México, 137
Motorista, 30
Multa, 87
Multa por atraso no pagamento das verbas rescisórias, 95
OIT, 130
Paraguai, 138
Penhora, 110
Pensão por morte, 122
Peru, 139
Pessoalidade, 10
Portugal, 139
Prescrição, 103
Projeto de nova lei, 143
PIS, 92
Provas, 109
Remuneração, 43
Repouso semanal remunerado, 73
Representação do empregador doméstico, 107
República Dominicana, 141
Rescisão do contrato de trabalho, 92
Responsabilidade civil das agências, 128
Salário-família, 122
Salário-maternidade, 116
Salário-mínimo, 46
Segurança e medicina do trabalho, 86
Seguro-desemprego, 125
Serviços de construção, 31
Trabalhador eventual, 12
Trabalhador temporário, 12
Uruguai, 141
Utilidades, 54
Vale-transporte, 50, 56
Venezuela, 141
Vigia de rua, 27

Formato	17 x 24 cm
Tipologia	Charter 11/13
Papel	Alta Alvura 90 g/m² (miolo)
	Supremo 250 g/m² (capa)
Número de páginas	184
Impressão	Bartira Gráfica